W9-CNX-133

Atlas de Biomas

OCÉANOS
Y PLAYAS

Trevor Day

CORREO DEL MAESTRO • EDICIONES LA VASIJA

Esta edición en la lengua española fue creada a partir del original de
The Brown Reference Group plc, por
Uribe y Ferrari Editores, S.A. de C.V.
Av. Reforma No. 7-403 Ciudad Brisa, Naucalpan,
Estado de México, C.P. 53280, México
Tels. 53 64 56 70 • 53 64 56 95
correo@correodelmaestro.com

ISBN 968-5142-76-9 (Colección)
ISBN 968-5142-83-1 (Océanos y playas)

© 2005 Uribe y Ferrari Editores, S.A. de C.V.

Traducción al español: Roberto Escalona en colaboración con
Correo del Maestro y Ediciones la Vasija.
Cuidado de la edición: Correo del Maestro y Ediciones La Vasija.

Este libro se terminó de imprimir y encuadernar en Pressur Corporation, S. A., C. Suiza,
R.O.U., en el mes de enero de 2005. Se imprimieron 3 000 ejemplares.

The Brown Reference Group plc
Editor del proyecto: Ben Morgan
Subdirector: Dr. Rob Houston
Correctores: John Farndon y Angela Koo
Asesor: Dr. Mark Hostetler, Departamento
de ecología y conservación de la flora
y la fauna, Universidad de Florida
Diseñador: Reg Cox
Cartógrafos: Mark Walker y Darren Awuah
Selección de imágenes: Clare Newman
Índices: Kay Ollerenshaw
Editora general: Bridget Giles

Director de diseño: Lynne Ross
Producción: Alastair Gourlay

Portada: Ola en el Pacífico.
Recuadro: Tortuga de carey.

Portadilla: Playa Cannon,
Oregón, EUA.

Los créditos de las ilustraciones y
fotografías de la página 64 forman
parte de esta página legal.

Acerca de este libro

Las páginas de introducción de este libro describen, a grandes rasgos, los biomas del mundo y, en especial, el bioma océanico. Los cinco capítulos principales examinan aspectos propios de los océanos y las playas: clima, plantas, animales, población humana y futuro. Entre los capítulos hay mapas detallados de las principales regiones océanicas. Las páginas donde hay mapas se indican en el contenido en cursivas, **así**.

A lo largo de todo el libro también hallarás recuadros con datos acerca de los océanos y las playas. Los iconos ilustrados a la derecha indican el tema de los recuadros.

Al final encontrarás un glosario que explica de forma clara, breve y concisa el significado de algunas palabras y conceptos difíciles, así como un índice que permite encontrar rápidamente los temas en todo el libro.

 Clima

 Gente

 Plantas

 Futuro

 Animales

 Datos

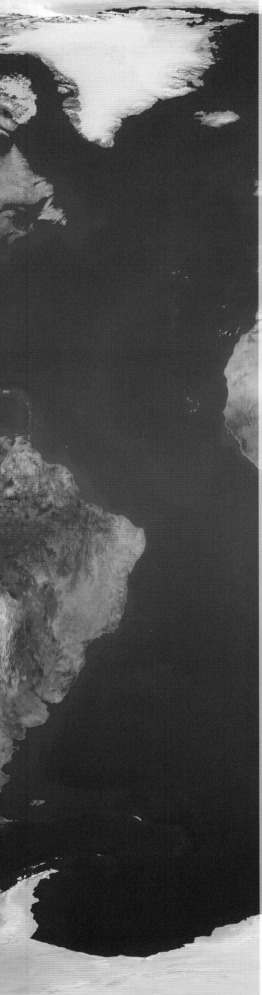

Contenido

Biomas del mundo

Los biólogos dividen el mundo viviente en grandes zonas llamadas biomas. Cada bioma tiene su clima, flora y fauna distintivos.

El desierto es el bioma más seco. Hay desiertos calientes y fríos.

En la taiga hay coníferas que resisten inviernos helados.

Si haces un viaje desde el estrecho de Bering hasta el de Magallanes, en tu recorrido notarás cambios drásticos en el paisaje silvestre.

El norte de Canadá es una comarca helada y estéril, sin árboles, en la que sólo sobreviven diminutas plantas en el gélido suelo. Pero si avanzas más hacia el sur, encontrarás bosques de coníferas, donde viven alces, caribúes y lobos. Después de varias semanas, las coníferas escasearán y llegarás a las llanuras cubiertas de pasto del centro de Norteamérica. Cuanto más camines hacia el sur, más seca se volverá la tierra y más caliente sentirás el sol, y llegarás a un desierto lleno de cactos. Sin embargo, una vez que alcances el sur de México, éstos habrán desaparecido y árboles tropicales tomarán su lugar. Aquí, el aire bochornoso está impregnado de gritos de aves exóticas y zumbidos de insectos. En Colombia, cruzarás la cordillera de los Andes, y descenderás a la densa y pantanosa jungla del Amazonas. Más al sur, cruzarás los matorrales semiáridos del Chaco, y luego la desértica Patagonia, para llegar a los glaciares y bosques del extremo sur del continente americano, que te recordarán un poco tu punto de partida.

Los científicos tienen un nombre especial para las diferentes regiones –como desierto, pluvioselva y pradera– que atravesarías en semejante viaje. Las llaman biomas. Cualquier lugar del planeta se puede clasificar dentro de algún bioma, y es común que un bioma dado aparezca en diferentes lugares. Por ejemplo, hay

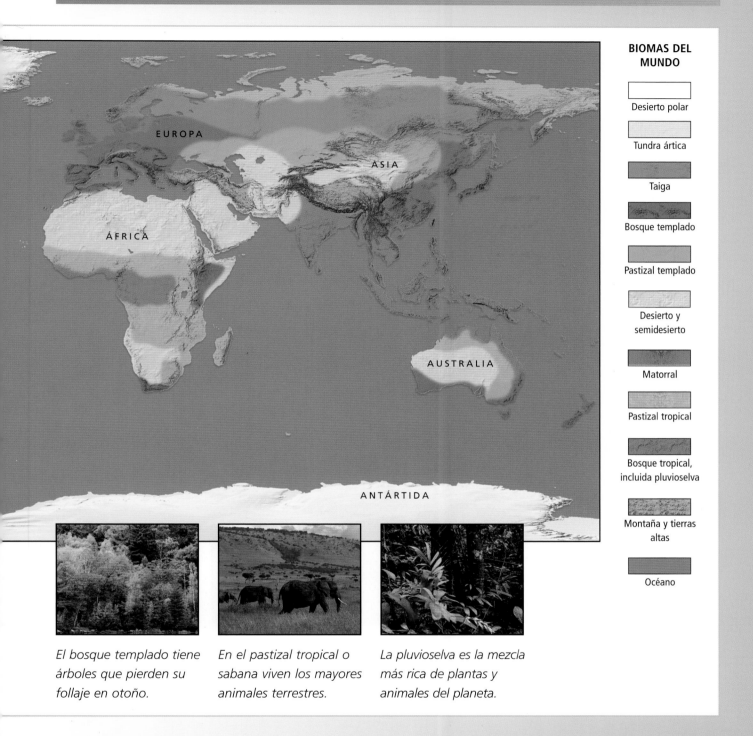

EUROPA

ASIA

ÁFRICA

AUSTRALIA

ANTÁRTIDA

El bosque templado tiene árboles que pierden su follaje en otoño.

En el pastizal tropical o sabana viven los mayores animales terrestres.

La pluvioselva es la mezcla más rica de plantas y animales del planeta.

áreas de pluvioselva en lugares tan apartados como Brasil, África y el sureste asiático. Aunque las plantas y los animales que habitan esas selvas son diferentes, viven de forma parecida. Asimismo, las praderas de Norteamérica forman parte del bioma de pastizal, que también se da en China, Australia y Argentina. Donde quiera que haya pastizales, hay animales que se alimentan de pasto y grandes carnívoros que cazan y matan a esos animales.

El mapa de esta página muestra cómo los principales biomas del mundo se distribuyen en la biosfera: la zona de vida de la Tierra.

Océanos del mundo

Los océanos cubren más de dos tercios de la superficie terrestre, así que el bioma oceánico es el más grande de todos. Bajo las olas hay un sinnúmero de hábitats, desde la playa hasta el fondo marino.

El océano es un único y enorme cuerpo de agua, pero damos diferentes nombres a sus diversas partes. Los cuatro subdivisiones principales, a las que también llamamos individualmente océanos, son: el Pacífico, el Atlántico, el Índico, el Ártico. Cada uno está en una gran depresión de la corteza terrestre: las cuencas.

Los océanos no son un hábitat, sino un conjunto de hábitats, a veces sobrepuestos. La mayoría de plantas y animales oceánicos viven cerca de la costa, donde el agua vertida por los ríos es rica en nutrimentos y donde el fondo marino recibe mucha luz solar. Los hábitats costeros incluyen bosques de algas gigantes, praderas de pastos marinos y arrecifes coralinos.

Donde se unen el mar y la tierra, hay otro hábitat: la zona litoral. Puede ser un lugar violento, donde chocan turbulentas olas con acantilados rocosos, o una tranquila playa arenosa que se interna suavemente en el agua. Debido a las mareas, animales y plantas del litoral llevan una vida dual: se exponen al aire y luego son cubiertos por agua, al menos una vez al día.

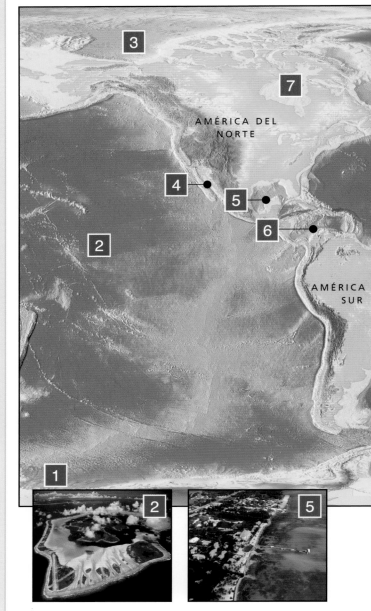

En los trópicos, el océano Pacífico está salpicado de islas coralinas.

Partes del Golfo de México están bordeadas por playas arenosas.

El mar abierto tiene, generalmente, menos vida que la costa; pero en muchas partes de la superficie abunda el plancton, formado por organismos microscópicos que prosperan en aguas soleadas. Debajo, hay una zona de agua oscura y fría menos rica en vida, pero con algunos habitantes muy extraños.

Las ballenas jorobadas se alimentan en el Atlántico, el Ártico y el Antártico.

El monzón mueve veleros por las rutas comerciales del océano Índico.

El océano Ártico es amplio y profundo, pero está cubierto de hielo.

En el piso oceánico habita una gran diversidad de animales. Muchos viven en las fosas o en las cimas de montes submarinos y se alimentan de materia muerta que cae de las aguas superiores. La mayor parte del fondo oceánico permanece inexplorada, por lo que podrían existir criaturas desconocidas para el hombre.

Podríamos pensar que las zonas más profundas del mar carecen de vida; pero no es así, albergan a animales muy raros. Aunque casi toda la vida en nuestro planeta depende de la energía del sol, algunas de las criaturas de las profundidades la obtienen de sustancias emitidas por chimeneas de agua caliente.

Océano Atlántico

El Atlántico toma su nombre del dios griego Atlas, quien sostenía la bóveda celeste. Éste es el segundo océano más grande; se extiende desde el Ártico hasta la Antártida y tiene cerca de la cuarta parte del agua salada del mundo.

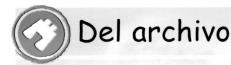 ## Del archivo

▲ El océano Atlántico es enorme, casi dos veces y media más grande que América.

▲ La profundidad media del Atlántico es poco más de 3.3 km: casi 7 veces la altura del edificio más alto del mundo, el Taipei 101, en Taiwán (508 m).

▲ El punto más hondo del Atlántico está en la fosa de Puerto Rico, con una profundidad de 8.4 km (unas 17 veces la altura del Taipei 101).

▲ La anchura del Atlántico está aumentando a razón de 2.5 cm por año; aproximadamente la velocidad con que crecen las uñas. Cuando Cristóbal Colón hizo su viaje trasatlántico en 1492, el Atlántico era 12 m más angosto.

 ## Atlántida descubierta

En una expedición, a fines del siglo XIX, científicos británicos recorrieron los océanos para conocer su profundidad. Descubrieron que unas partes del Atlántico eran menos profundas de lo esperado. En ese entonces, diarios británicos dijeron que los científicos habían hallado la legendaria ciudad sumergida de la Atlántida. En realidad, encontraron lo que recibiría el nombre de cordillera Mesoatlántica. Las partes oriental y occidental del suelo oceánico se están separando. La cordillera se forma donde brota roca volcánica fundida del interior de la Tierra y rellena la brecha producida. Al acumularse, la roca volcánica forma un lomo que en algunos puntos alcanza tal altura que sobresale de la superficie del mar y forma islas como las Azores e Islandia. Hoy sabemos que la Mesoatlántica es sólo una parte del enorme sistema de cordilleras que hay en medio de los océanos y que se extiende por todo el planeta.

Además de roca fundida, la cordillera mesooceánica emite agua sobrecalentada, rica en minerales, que forma oscuras nubes llamadas fumarolas negras *(der.)*. Estas fumarolas abastecen de energía a extrañas formas de vida en el mar profundo.

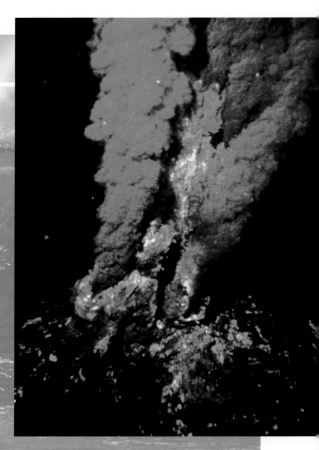

Océano Ártico

Svalbard

GROENLANDIA

N

Estrecho de Dinamarca

ISLANDIA

Surtsey **1**

7. Bermuda
Estos arrecifes coralinos han crecido tan al norte gracias a la tibia corriente del Golfo.

8. Mar de los Sargazos
En esta zona, la superficie del mar es muy quieta, y crecen algas flotantes que dan abrigo y alimento a animales como el pez sargazo camuflado.

9. Cordillera mesooceánica
La cordillera mesooceánica, donde se forma nuevo suelo marino, divide al Atlántico. En ella hay hábitats de chimeneas hidrotermales.

10. Aguas del albañal no tratadas
La contaminación por aguas de albañal es intensa cerca de las grandes ciudades brasileñas de Río de Janeiro y São Paulo.

11. Corriente de Bengala
Agua fría rica en nutrientes se eleva desde las profundidades. El plancton se multiplica y alimenta a cardúmenes de peces que, a su vez, son presa de millones de tiburones, atunes y aves marinas.

12. Tristan da Cunha
La tierra poblada más remota del planeta. Su población vive a 2400 km del asentamiento humano más cercano, en Sudáfrica.

AMÉRICA DEL NORTE

EUROPA

ÁFRICA

AMÉRICA DEL SUR

ASIA

AUSTRALIA

ANTÁRTIDA

Bahía de Hudson

CANADÁ

Pesquerías de bacalao **2**

AMÉRICA DEL NORTE

Grandes Bancos

Corriente del Golfo

EUROPA

3 Bahía de Fundy

Restos del Titanic

Montes marinos de Herradura

ESTADOS UNIDOS

4

Cresta Blake

Montes marinos de Nueva Inglaterra

5

6

Madeira

Azores

Islas Canarias

7 BERMUDA

Golfo de México

Mar de los Sargazos **8**

Monte marino Trópico

Océano

ÁFRICA

BAHAMAS

CUBA

Mar Caribe

LA ESPAÑOLA

Fosa de Puerto Rico

ISLAS CABO VERDE

Cordillera mesooceánica

1. Surtsey
En 1963, emergió cerca de Islandia la isla volcánica de Surtsey. Es un pico de la cordillera mesooceánica.

2. Pesquerías de bacalao
A fines del siglo XX, las pesquerías de bacalao del Atlántico noroccidental cerraron porque casi no había peces para atrapar.

3. Bahía de Fundy
El intervalo de mareas aquí es de 16 m, el más grande del mundo.

4. Cresta Blake
Aquí hay un enorme depósito de metano bajo el lecho marino. Las filtraciones de ese gas sustentan organismos que obtienen energía de él. Hay lechos de mejillones tan extensos como un campo de futbol y algunos moluscos son tan grandes como balones.

5. Corriente del Golfo
Flujo rápido y cálido que nace en el Golfo de México y cruza el Atlántico en dirección noreste. Ayuda a que el noroeste de Europa sea 10°C más cálido que lugares de Canadá en la misma latitud.

6. Los Azores
Estas remotas islas volcánicas están rodeadas de mares llenos de vida. Allí van a alimentarse veinticinco tipos de ballenas y delfines.

Desembocaduras del río Amazonas

AMÉRICA DEL SUR

Ascensión

Atlántico

9

Monte marino Columbia

Cordillera mesooceánica

Río de Janeiro

São Paulo

10

Aguas de albañal no tratadas

Océano Pacífico

12 Tristan da Cunha

Cordillera Walvis

11 Corriente de Bengala

0   1000   2000 km

Las ballenas jorobadas se alimentan en aguas árticas y antárticas del océano Atlántico.

ANTÁRTIDA

9

Clima de océanos y playas

Los océanos influyen mucho sobre el clima en la atmósfera; pero también hay climas submarinos, que dependen de las corrientes oceánicas, la profundidad bajo la superficie y la penetración de la luz solar.

El agua de mar absorbe luz solar pero, incluso en el agua más transparente, sólo cerca del 1% llega a una profundidad de 100 metros, y únicamente la superficie oceánica recibe tanta luz como la tierra firme. La luz del sol es luz blanca, formada por la mezcla de luces de distinta longitud de onda, de diversos colores. El mar absorbe las luces de cada color en distinto grado, bloquea algunos y deja pasar otros. Si buceas en un mar tropical, notarás que los espectaculares colores de los arrecifes coralinos se vuelven menos vivos a medida que bajas. El rojo y el amarillo se absorben más pronto, y esto hace que todo se vea verde-azulado.

Más allá de la penumbra

Los científicos dividen el océano en capas, o zonas, con base en la profundidad. La zona superior es la zona iluminada. A medida que bajamos a través de ella, la luz se desvanece, el agua se enfría y la presión aumenta. A una profundidad de 200 metros casi no hay luz y la presión es 20 veces mayor que en la superficie. Éste es el fondo de la zona iluminada.

Las mareas y la fuerza de las olas determinan las condiciones en la costa. Con el tiempo, las olas pueden formar en la roca desnuda esculturas llamadas pilas de mar, como éstas en la playa Cannon de Oregón, EUA.

Bajo la zona iluminada, hasta los 1000 metros, está la penumbra. Los organismos de esta zona suelen ser rojos o negros, lo que los hace casi invisibles. No obstante, hay destellos de claridad, porque muchos animales, como los peces y calamares de la zona de penumbra, producen luz mediante un proceso llamado bioluminiscencia. Usan esta luz para deslumbrar a los depredadores, atraer presas o enviar señales a otros miembros de su especie.

Por debajo de los 1000 metros está la zona oscura: un mundo de negrura total, salvo los ocasionales destellos de bioluminiscencia. Esta zona se extiende hasta las llanuras profundas que constituyen la mayor parte del suelo oceánico. Las presiones en la zona oscura son más de 100 veces mayores que en la superficie –suficiente para aplastar tus pulmones– y la temperatura del agua oscila entre 0 y 4°C. Algunos de los habitantes de esta zona son sumamente extraños:

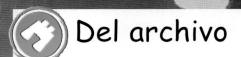

Del archivo

▲ Los océanos cubren el 71% de la superficie terrestre.

▲ Los mares y océanos cambian lentamente de forma y tamaño. El océano Pacífico se está encogiendo, pero el mar Rojo se está ensanchando.

▲ Si todos los continentes se recortaran al nivel del mar y la tierra se vaciara en la cuenca del Pacífico, faltaría todavía mucho para llenarla.

Zonas oceánicas

Alcatraces

Los buzos que usan tanques de aire no suelen bajar a más de 50 m. Incluso a esas profundidades, el agua de mar filtra casi toda la luz roja y sólo deja la verde y la azul.

ZONA DE MAREAS

Gusano de penacho

Cangrejo

Coral de arrecife

Almeja

PLAYA

MAR ABIERTO

ZONA ILUMINADA

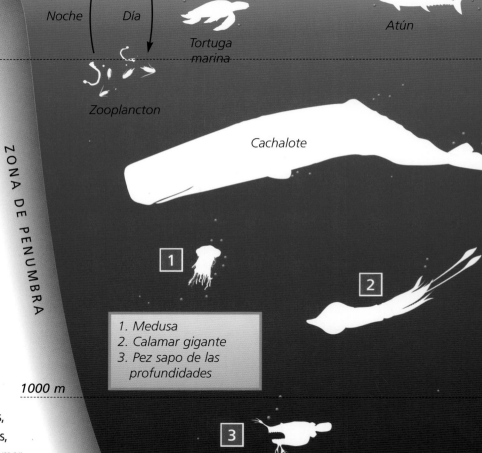

Noche Día

Tortuga marina

Atún

200 m

Zooplancton

Cachalote

ZONA DE PENUMBRA

1

2

1. Medusa
2. Calamar gigante
3. Pez sapo de las profundidades

1000 m

3

ZONA OSCURA

Ofiuros de mar profundo

Esponja de mar profundo

Crinoideos de mar profundo

Zona de mareas

Sea rocosa, arenosa o fangosa, la zona entre pleamar y bajamar alberga organismos que se pegan a las rocas, se entierran en el sedimento o caminan en la superficie.

Zona iluminada

En el lecho marino, bajo la línea de bajamar, hay arrecifes coralinos, pastos marinos en los trópicos o bosques de quelpo en mares más fríos. Diminutas plantas planctónicas flotan en las aguas superficiales y atraen a herbívoros, que a su vez atraen a depredadores como el atún.

Zona de penumbra

Muchos animales de mar abierto, desde el diminuto zooplancton hasta tiburones, se ocultan de día en estas profundidades, pero de noche suben a la superficie a comer.

Zona oscura

Raras criaturas buscan bocados en estas grandes profundidades. Aquí cazan el calamar y el pez sapo.

Lecho marino

En todo el lecho marino hay vida. Hasta en los abismos hay materia orgánica que cae de zonas más altas, que los crinoideos y las esponjas filtran o que los ofiuros recogen.

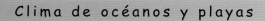
Los océanos desempeñan un papel fundamental en el clima. El agua escapa de su superficie como vapor, se eleva, se enfría y se convierte en gotitas que forman nubes.

similar a la de la zona oscura, pero las presiones son aún más extremas. Muy pocas personas han visitado este mundo en submarinos de gran alcance.

Depósito de calor

En comparación con la tierra, los océanos se calientan y enfrían muy lentamente. Por ello actúan como un gigantesco almacén de calor, capaz de absorber enormes cantidades de energía del sol cuando hace calor y liberarla lentamente cuando hace frío. Así, los océanos tienen una influencia considerable sobre los climas de la Tierra.

En regiones cálidas y soleadas, los océanos captan calor solar. Las corrientes marinas se llevan este calor y lo liberan en lugares más fríos. Por ejemplo, el agua tibia de mar que fluye hacia el Polo Norte evita que el océano Ártico sea tan frío como sería de otra manera. Además de distribuir calor por el planeta, los océanos liberan en el aire vapor de agua, que

grotescos peces de gran cabeza, fauces abiertas y cuerpo flaco. El alimento es tan escaso que tratan de devorar todo lo que encuentran, vivo o muerto. Es un mundo implacable.

Hay otra zona más abajo de la oscura: la zona abisal. Se trata de la parte más profunda del océano, en las fosas marinas que alcanzan profundidades de 10 km o más. La vida aquí es

 # Origen de la vida

Tal vez la vida en la Tierra se inició en los océanos hace 4000 millones de años. Hay motivos para creer esto. Primero, los organismos tienen al menos un 70% de agua, y la concentración de sal y otras sustancias en sus líquidos corporales es similar a la del agua de mar. Segundo, los fósiles más antiguos conocidos son los estromatolitos –formaciones rocosas construidas por depósitos de bacterias marinas hace 3800 millones de años–. Las bacterias siguen formando estromatolitos en algunas regiones oceánicas *(derecha)*.

Los primeros seres vivos tal vez surgieron en aguas costeras bajas entibiadas por el sol, donde crecen los estromatolitos. Sin embargo, algunos científicos sospechan que la vida tal vez nació en el piso oceánico profundo, impulsada no por el sol, sino por energía química.

La temperatura de la superficie del mar varía entre menos de 4°C (negro) y más de 27°C (rojo). Las aguas más cálidas están cerca del Ecuador, pero donde hay corrientes fuertes (flechas) el océano puede ser más cálido o más frío de lo esperado. La fría corriente de Humboldt junto a la costa oeste de Sudamérica, por ejemplo, hace que una lengua de aire frío se extienda cientos de kilómetros hacia el Ecuador.

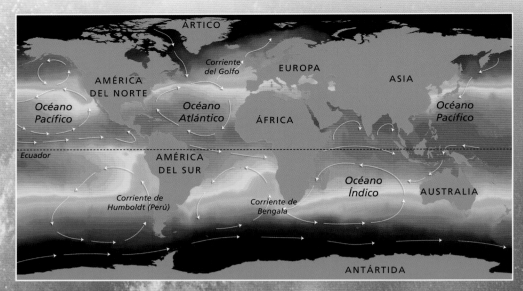

Olas salvajes

En tiempos de los barcos de vela, era vital para los marinos conocer el curso de las corrientes marinas. Navegar contra una de ellas añadía muchos días a un viaje, y al cruzar una se podía desviar el curso del barco. Incluso ahora, los navegantes deben tomarlas en cuenta. Si las olas de una tormenta chocan de frente con una corriente, las ondas pueden sumarse para formar "olas salvajes" lo bastante grandes como para cubrir un barco. Tales olas, que según los marinos llegan a rebasar los 30 metros de altura, suelen formarse frente a la costa sureste de África, una región de triste fama, donde se han hundido varios buques tanque.

produce las nubes y la lluvia, de la que depende la vida terrestre.

Ríos en el mar

Las corrientes marinas tienen varias causas. Una es simplemente que, al soplar sobre el mar, los vientos empujan el agua superficial.

Existen vientos porque la atmósfera terrestre siempre está en movimiento, impulsada por la energía del sol y agitada por la rotación del planeta. El aire se mueve continuamente, sube y baja en grandes trazos circulares llamados celdas de circulación. La parte baja de esas celdas, donde el aire se mueve junto a la superficie del planeta, forma los vientos globales. Éstos, a su vez, producen corrientes globales en la superficie del mar. Una de esas corrientes es la del Golfo, que cruza el Atlántico desde el Golfo de México hasta Europa occidental. Transporta una cantidad de agua equivalente a 500 millones de tinas de baño llenas de agua por segundo; un caudal varias veces mayor que el de todos los ríos de la Tierra juntos. Tanta agua lleva mucho calor, lo que modera mucho el clima del noroeste de Europa.

Enorme carrusel

Las principales corrientes oceánicas fluyen en círculos llamados giros (*ver* mapa en página opuesta) que la rotación terrestre pone en movimiento. Esto hace que los giros tengan una dirección específica. En el Hemisferio Norte, los giros van en la dirección de las manecillas del reloj; en el Hemisferio Sur giran en la dirección opuesta. Una consecuencia de esto es que en el sur del Atlántico y del Pacífico agua fría de los polos baña las costas

AMÉRICA DEL NORTE

Agua fría

Agua tibia PERÚ

Océano Pacífico

El Niño

Vientos fuertes soplan de este a oeste por la parte media del océano Pacífico e impulsan la corriente marina hacia el oeste. Al desplazarse el agua tibia superficial en esa dirección, surge agua fría de las profundidades para ocupar su lugar, y trae, frente a las costas de Perú, nutrimentos a la superficie, que mantienen a grandes cardúmenes de anchoveta, especie que sustenta una de las pesquerías más importantes del mundo. Sin embargo, algunos años, los vientos son débiles. No suben nutrientes, las anchovetas no prosperan y baja la pesca. El agua superficial fría, rica en nutrimentos, es sustituida por agua tibia del Pacífico occidental *(blanco y rojo)*. A este fenómeno se le llama El Niño y altera los patrones de vientos del mundo y hace que el clima sea inusitado y extremoso. También hace más cálida la superficie del mar en algunos lugares, lo que acaba con los organismos que construyen arrecifes coralinos.

occidentales, mientras que agua tibia del Ecuador baña las costas orientales.

Surgencia y hundimiento

La vida marina es más rica donde abundan la luz, el calor y los nutrimentos. Las plantas microscópicas que viven en las aguas superficiales –el fitoplancton– necesitan todo eso para crecer. Muchas partes del mar abierto son desiertos por la falta de nutrimentos. Donde hay pocos nutrimentos, hay poco fitoplancton y, sin fitoplancton, hay pocos animales que se alimentan de él.

Sin embargo, hay oasis en estos desiertos. En ciertos lugares, una corriente de agua fría que se eleva de las profundidades (llamada una surgencia) trae nutrimentos a la superficie. El plancton prolifera y sirve de alimento a peces y otros animales. El ser humano también se beneficia con las surgencias pues buena parte del pescado del mundo se obtiene en esos sitios.

Las surgencias suelen ocurrir en el lado oriental de los grandes océanos. Aparecen cuando los vientos del litoral empujan el agua superficial mar adentro, y aguas profundas cargadas de nutrimentos suben para ocupar el lugar de las aguas desplazadas.

Todo lo que sube debe bajar. Donde chocan corrientes superficiales de dirección opuesta, una parte del agua es empujada hacia abajo en un proceso llamado hundimiento. El agua que se hunde es transparente, porque tiene pocos nutrimentos y poco plancton. Esto permite que la luz entre a mayores profundidades, lo cual es ideal para los arrecifes de coral. Algunos de los sistemas de arrecifes coralinos más grandes –los del Caribe y la Gran Barrera de Arrecifes de Australia–

crecen en regiones de hundimiento ubicadas en la parte oeste de los océanos.

Banda transportadora oceánica

Las áreas de surgencia y hundimiento están vinculadas por corrientes que fluyen lentamente por los océanos a miles de metros de profundidad. Estas corrientes forman lo que los científicos llaman la banda transportadora oceánica –corriente continua de agua que lleva energía térmica por todo el planeta–. La "banda" transporta volúmenes enormes de agua y tiene un efecto marcado sobre el clima terrestre.

Una región de hundimiento que alimenta a la banda transportadora oceánica es la frontera entre el Atlántico y el Ártico. Las corrientes superficiales llevan agua tibia del Atlántico al Ártico, donde el agua se enfría, se congela y flota. Al congelarse el agua de mar, deja tras de sí la sal, por lo que el agua líquida restante es fría y salada, lo que la hace muy pesada. Esta agua se hunde e inicia su largo viaje hacia el sur a través de la banda transportadora que recorre los océanos.

Entre las mareas

Una costa rocosa puede estar llena de vida, desde algas y cangrejos hasta anémonas de mar *(der.)*. Una playa parecería un buen lugar para vivir, pero, en comparación con los miles de organismos distintos que viven en las aguas bajas cercanas a la costa, pocas especies prosperan en la playa, porque la vida ahí es ardua.

La playa es la frontera entre la tierra y el mar y puede ser rocosa. Cuando baja la marea, queda expuesta al aire, que puede estar mucho más caliente o frío que el agua de mar. Algunos organismos marinos se secan. Si llueve, los animales se empapan con agua dulce en lugar de salada. Además, cuando los animales de playa quedan expuestos al aire, pueden ser atacados por depredadores terrestres.

La vida sigue siendo dura cuando la marea regresa. Los animales son golpeados por olas, y los depredadores marinos pueden atacarlos. Un bálano o un mejillón pegado

a la roca no puede huir cuando las condiciones cambian. Tiene que quedarse y aguantar los cambios. Las anémonas de mar también quedan varadas. Escogen huecos entre las rocas que se vuelven estanques en bajamar, o se adhieren a grietas húmedas encogiendo sus tentáculos para que no se resequen. Para quienes resisten tanta agitación, el mar trae un nuevo abasto de alimento con cada ascenso de marea, y las algas marinas cuentan con abundante luz de sol.

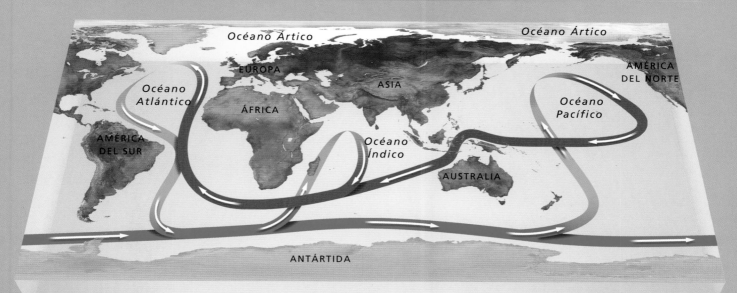

Las corrientes superficiales de agua tibia (rojo) y las corrientes profundas de agua fría (azul) se unen por un flujo continuo llamado banda transportadora oceánica.

El calentamiento global podría perturbar este proceso. Si se dejara de formar hielo en el norte del Atlántico, la banda transportadora podría interrumpirse y los efectos climáticos de esto afectarían a todo el planeta.

Caliente o frío

La temperatura es uno de los principales factores que afectan la distribución de los animales marinos. Las aves y los mamíferos son de sangre caliente: mantienen su cuerpo a una temperatura tibia constante, aunque el entorno esté frío o caliente. Así, las ballenas, por ejemplo, pueden viajar entre áreas tibias y frías y sobrevivir. La ballena gris pasa los veranos en las heladas aguas del Ártico, pero nada a aguas mucho más cálidas frente a Baja California en invierno. Sin embargo, la mayor parte de los animales marinos son de sangre fría, lo que implica que su temperatura se ve bastante afectada por su entorno. Tales especies son mucho menos flexibles en cuanto a su hábitat. Los peces tropicales mueren en agua fría, y los peces de regiones frías no sobreviven en aguas tropicales.

La Bahía de Fundy, en Nueva Escocia, Canadá, tiene el intervalo de mareas más amplio del mundo. Durante la pleamar máxima, el agua está 16 metros más arriba que la línea de bajamar.

Golfo de México

Desde las playas arenosas y arrecifes coralinos de la costa hasta las comunidades de energía química del fondo marino, el Golfo de México ofrece hábitats variados a muchos organismos marinos.

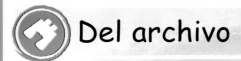

Del archivo

▲ Casi toda la población mundial de tortugas lora o golfina –la tortuga marina más rara del mundo– llega cada año a la playa Rancho Nuevo, en México, con el fin de poner huevos.

▲ Unos buzos descubrieron el fenómeno de desove masivo de corales en el Golfo de México. Una vez al año, los pólipos del coral liberan huevecillos y esperma, y crean una "tormenta de nieve". Ahora los científicos estudian el fenómeno en todo el mundo.

1. Rancho Nuevo
Playa donde anida el 95% de la población mundial de tortuga lora.

2. Bancos del Jardín de Flores
Este santuario marino protege un área de arrecifes coralinos. En 1990, unos buzos observaron aquí por primera vez la "tormenta de nieve" de un desove masivo de corales.

3. Infiltraciones de metano
En 1997, fueron hallados gusanos de hielo viviendo en lugares donde se filtra metano desde el subsuelo del lecho marino.

4. Sistema del arrecife mesoamericano
La segunda barrera de arrecifes más grande del mundo. Billones de pólipos coralinos forman los arrecifes al depositar sus esqueletos minerales mientras crecen.

5. Canal de Yucatán
Aquí fluye agua hacia el Golfo de México con plancton de los arrecifes coralinos.

6. Cayos de Florida
Larga cadena de islas bajas con arrecifes coralinos en el lado sur y lechos de pastos marinos al norte. Las corrientes del canal de Yucatán traen larvas de animales tropicales desde el Caribe y las depositan en los arrecifes de los cayos.

7. Bahía de Florida
Los lechos de pastos marinos de esta bahía se cuentan entre los mayores del planeta. Algunos están amenazados por la contaminación. En ellos pastan los calmosos manatíes (vacas marinas).

8. Estrecho de Florida
Por este estrecho sale agua del Golfo de México y forma una corriente que llega a Europa.

9. Bahamas
En las tibias y bajas aguas que rodean esta cadena de islas, los científicos participan en el Programa de Investigación de Delfines en Libertad. Ahí observan el comportamiento social de los delfines.

En los cayos de Florida abundan las playas de aguas cristalinas bordeadas por palmeras. Los cayos principales están unidos por la Overseas Highway, una de las autopistas sobre agua más largas del mundo.

AMÉRICA DEL NORTE
EUROPA
ASIA
ÁFRICA
AMÉRICA DEL SUR
AUSTRALIA
ANTÁRTIDA

EUA

Washington, D.C.

Montes Apalaches

N

0   250   500 km

Océano Atlántico

Houston

Nueva Orléans

Delta del Mississippi

MÉXICO

2 Bancos del Jardín de Flores

3 Infiltración de metano

FLORIDA

Monterrey

Rancho Nuevo

1

Golfo de México

Miami

Bahía de Florida

7

Nassau

B A H A M A S

6 Cayos de Florida

Ciudad de México

5

8 Estrecho de Florida

La Habana

9

Guadalajara

Península de Yucatán

Canal de Yucatán

C U B A

ISLAS CAIMÁN

HAITÍ

Fosa del Caimán

JAMAICA

Belmopán

BELICE

Kingston

4 Sistema del Arrecife Mesoamericano

GUATEMALA

HONDURAS

Mar Caribe

Guatemala

San Salvador

Tegucigalpa

EL SALVADOR

NICARAGUA

Managua

Barranquilla

COSTA RICA

PANAMÁ

San José

Ciudad de Panamá

COLOMBIA

Océano Pacífico

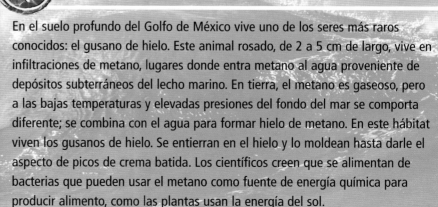

✕ El cubil del gusano de hielo

En el suelo profundo del Golfo de México vive uno de los seres más raros conocidos: el gusano de hielo. Este animal rosado, de 2 a 5 cm de largo, vive en infiltraciones de metano, lugares donde entra metano al agua proveniente de depósitos subterráneos del lecho marino. En tierra, el metano es gaseoso, pero a las bajas temperaturas y elevadas presiones del fondo del mar se comporta diferente; se combina con el agua para formar hielo de metano. En este hábitat viven los gusanos de hielo. Se entierran en el hielo y lo moldean hasta darle el aspecto de picos de crema batida. Los científicos creen que se alimentan de bacterias que pueden usar el metano como fuente de energía química para producir alimento, como las plantas usan la energía del sol.

Plantas oceánicas

Las algas no son verdaderas plantas. Son organismos sencillos que carecen de tallos, hojas o raíces. No obstante, capturan luz solar y la usan para producir alimento, igual que las plantas.

Los cocolitofóridos son algas microscópicas con intrincadas conchas calcáreas formadas por placas traslapantes. Al morir, las conchas caen al suelo oceánico, se acumulan y se van convirtiendo en creta o piedra caliza. Estas imágenes coloreadas al microscopio están ampliadas 2000 veces.

Las plantas terrestres se ven fácilmente –basta mirar los árboles y pastos que nos rodean–. Pero, ¿dónde están las plantas de los océanos?

En algunas playas hallamos algas marinas –por lo regular listones pardos correosos agitados por las olas–. En algunas aguas bajas encontramos praderas de pastos marinos. En mar abierto, en cambio, no vemos plantas. Hay seres fotosintéticos, pero son microscópicos. Son algas unicelulares. En una taza de agua de mar hay decenas de millones de ellas.

En el curso de un año, el crecimiento de estas algas microscópicas es mayor que el de todos los pastos y árboles terrestres. Las algas marinas son muy importantes; pero casi todas son tan pequeñas que sólo podemos verlas con un microscopio.

Plancton

Casi todas las algas marinas forman parte del plancton –organismos que son arrastrados por las corrientes–. El plancton que captura luz solar y la usa para producir alimento (como las algas) se llama fitoplancton (*fito* significa "planta").

Cuando produce alimento, desprende oxígeno, igual que las plantas terrestres. El proceso completo, llamado fotosíntesis, es vital para casi todos los seres vivos, que dependen del alimento y del oxígeno que las plantas producen. El zooplancton (pequeñísimos animales flotantes) se alimenta de fitoplancton, y animales mayores, como peces y calamares, comen zooplancton. Así, vemos que casi todo el alimento de los animales marinos proviene del fitoplancton.

El fitoplancton más pequeño es en verdad diminuto –cabrían centenares en la cabeza de un alfiler–. Muchos no son algas, sino un tipo de bacterias, parientes lejanas de las bacterias que producen enfermedades humanas. Por su pequeñez, este plancton bacteriano no quedaba atrapado en las redes de los científicos, así que ellos apenas hace poco se percataron de lo común e importante que es. Ahora sabemos que el fitoplancton más pequeño produce más de las tres cuartas

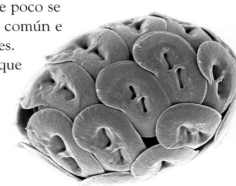

ESCOCIA

IRLANDA

INGLATERRA

El plancton crece

Cada primavera, a causa del tiempo caluroso y soleado, aumenta mucho la cantidad de fitoplancton del Atlántico norte. En su auge, esta "floración de plancton" es tan intensa que se puede ver desde el espacio. La brillante mancha azul-verdosa de plancton de esta foto está frente a las costas de Inglaterra y Francia. La floración se desvanece en verano, el plancton muerto se hunde y forma un lodo que se asienta en el suelo oceánico.

Todo tipo de gusanos, cangrejos y cohombros de mar se alimentan del lodo fresco, que también atrae a carroñeros nadadores, desde peces hasta pequeñas criaturas parecidas a camarones, llamadas anfípodos.

Floración de plancton

FRANCIA

Las diatomeas son algas diminutas que se multiplican en todos los océanos. Sus esqueletos vítreos adoptan formas muy diversas y complejas.

partes del alimento y del oxígeno en una región dada del mar.

Pequeños pero hermosos

Incluso el fitoplancton mediano y grande es diminuto. Los mayores son del tamaño del punto al final de esta oración. Algunos, llamados cocolitofóridos, parecen pelotitas cubiertas con placas calcáreas redondas. Al morir este plancton y caer al fondo del mar, sus restos se acumulan a lo largo de millones de años para formar una alfombra calcárea que alcanza varios cientos de metros de espesor. Los acantilados blancos de Dover, en Inglaterra, se formaron así, a partir de billones de cocolitofóridos. El fitoplancton suele adoptar formas fascinantes. Las diatomeas, por ejemplo, tienen hermosos e intrincados esqueletos hechos de sílice (el principal componente del vidrio). Otros, llamados dinoflagelados, tienen esqueletos más delgados con forma de hojas o conos. Muchos dinoflagelados son bioluminiscentes –producen su propia luz cuando el agua se agita–. En algunas partes del mundo la superficie del mar brilla en la noche con la luz verde de los dinoflagelados cuando las olas rompen o cuando una persona nada.

Mareas rojas

A veces, el fitoplancton crece con tal rapidez y en tal cantidad, que pinta el agua. Al morir y quedar atrapado en la superficie forma una nata conocida como marea roja. Pese a su nombre, puede ser de cualquier color.

Las mareas rojas sacan tanto oxígeno del agua que muchos animales marinos se asfixian. Hay mareas venenosas. Los moluscos como almejas y ostiones pueden comer sin riesgo fitoplancton venenoso, pero los peces y otros animales que coman esos moluscos pueden morir. Las mareas rojas causadas por la especie de fitoplancton llamada *Alexandrium* son causa de la muerte de casi 200 personas por año alrededor del mundo.

Esto no es un río de contaminación, sino una marea roja de diminutos dinoflagelados. Estas algas se multiplican con tal rapidez que manchan el mar y pueden envenenar a los animales que se alimentan de ellas.

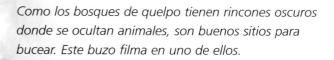
Como los bosques de quelpo tienen rincones oscuros donde se ocultan animales, son buenos sitios para bucear. Este buzo filma en uno de ellos.

Algas mayores

Es común hallar algas adheridas a las piedras en aguas frías y bajas. Las hay de tres tipos —rojas, verdes y pardas— dependiendo del pigmento (sustancia colorida) con que atrapan la luz para la fotosíntesis. Las algas más grandes son pardas y se llaman quelpos gigantes. Son como árboles submarinos que crecen desde el fondo del mar hasta la superficie, con frondas de hasta 100 metros de largo. Las algas más pequeñas, como la lechuga de mar, de color verde vivo, son delgadas como el papel. Otras forman penachos o una costra en las rocas.

La vida de las algas grandes no es fácil. Al crecer en aguas bajas, deben resistir el golpeteo de las olas y las corrientes. Deben mantenerse ancladas para no ser arrastradas mar adentro; pero también deben llegar cerca de la superficie para capturar la luz solar.

Hay muchos tipos de quelpo, pero todos viven en mares fríos. Cerca del Ecuador sólo crecen donde las corrientes frías traen agua de las regiones polares, como en las costas occidentales de Sudamérica y África.

AMÉRICA DEL NORTE

EUROPA

ASIA

Océano Pacífico

Océano Atlántico

Océano Pacífico

ÁFRICA

Ecuador

AMÉRICA DEL SUR

Corriente fría

Corriente fría

Océano Índico

AUSTRALIA

Principales lechos de quelpo

ANTÁRTIDA

Las algas grandes tienen tres partes principales: un tallo, frondas u hojas y un asidero. El tallo y las frondas son flexibles para doblarse con las corrientes y el oleaje. Si fueran rígidos, se quebrarían. El asidero, que parece una maraña de raíces, ancla el alga a rocas del fondo del mar. Las frondas y el tallo suelen contener vejigas con gas que les permiten flotar.

El quelpo y las nutrias

Muchos animales viven entre las algas o unidos a ellas, aunque pocos comen el alga viva. Muchos se alimentan de la delgada capa de algas verdes que crece sobre el alga mayor.

En el Pacífico norte existe una singular relación entre el quelpo y las nutrias de mar. Donde viven nutrias, el quelpo suele prosperar, a menos que el agua esté contaminada. Pero si se ausentan las nutrias (quizá por la cacería), el quelpo entra en un aparente ciclo de auge y decadencia. Al principio abunda, pero luego casi desaparece. Al parecer, los culpables son los erizos de mar –animales cubiertos de púas, parientes de las estrellas de mar–. Si hay nutrias,

Después de tenderse a secar, estas algas pueden usarse como refuerzo de cerámica o espesante de jaleas.

En partes de California, las nutrias marinas se están recuperando lentamente y están reapareciendo bosques sanos de quelpo. La nutria de mar es considerada "piedra angular" para el hábitat de quelpo.

éstas se alimentan de erizos y controlan sus poblaciones. Si faltan nutrias, los erizos se multiplican y se comen el quelpo hasta que casi no queda nada. Al no tener alimento, los erizos se mueren y el quelpo vuelve a crecer.

El quelpo y el yogur

¿Qué tiene que ver el quelpo con el yogur? Las algas –crudas, cocidas o secas– pueden ser un alimento delicioso, y son ricas en vitaminas y minerales. Por si fuera poco, contienen sustancias llamadas alginatos que se usan en las industrias alimentaria, médica y de cosméticos. Los alginatos son espesantes, aglutinantes y estabilizadores de todo tipo de productos: cápsulas para medicamentos, lápices labiales, champúes, dentífricos, y mayonesa y yogur bajos en grasas. Incluso se suelen añadir a la cerveza para que la espuma sea mucho más duradera.

Pastos marinos

Los pastos marinos son las únicas plantas con flores que viven bajo el agua en el mar. Son verdaderos pastos, con tallos, raíces, hojas y flores. Crecen óptimamente en aguas transparentes y bajas con un fondo blando de fango o arena, rico en nutrimentos. En esos lugares forman extensas praderas que sustentan a muchos animales.

Pocos animales pueden comer las correosas hojas de estos pastos, pero muchos las usan como plataforma flotante. Si examinas de cerca una hoja de pasto marino, verás una lama verde en su superficie: una capa de algas microscópicas. Los caracoles, peces y otros animales pastan las algas. Muchos otros organismos –gusanos tubulares y ascidias, por ejemplo– se adhieren a las hojas de los pastos y filtran el agua para extraer el plancton del que se alimentan. A su vez, estos animalillos son devorados por cangrejos, peces y otros animales mayores.

En aguas tropicales, erizos de mar y peces papagayo comen las hojas de los pastos marinos, lo mismo que unos animales en peligro: tortugas verdes, manatíes y dugongos. Los manatíes y dugongos también se conocen como vacas marinas. Son mamíferos que semejan morsas amigables, aunque son parientes más cercanos de los elefantes. No sólo mastican las hojas de los pastos, también las raíces, ricas en energía.

El varec nudoso, un tipo de quelpo, se mantiene a flote con vejigas de aire que actúan como salvavidas.

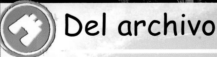

Del archivo

▲ Los quelpos gigantes mayores crecen 30 cm al día.

▲ Las algas han sido utilizadas como alimento desde tiempo inmemorial en los países orientales como Japón y en algunos países americanos como México.

▲ Hay más de 6000 especies de algas marinas grandes.

Observa estas delicadas hojas; en realidad es uno de los peces más raros del mundo, llamado dragón de mar de las algas. Sus largas aletas verdes lo camuflan entre el quelpo y los pastos marinos.*

En peligro

Los pastos marinos sufren el asedio del hombre. En unos lugares, las industrias contaminan el agua de mar con petróleo o metales pesados (plomo y zinc) que matan los pastos marinos. Las aguas de albañal también los matan porque contienen gran cantidad de nutrimentos que hacen que las algas microscópicas se multipliquen, enturbien el agua y priven de iluminación a los pastos. Los barcos pesqueros que dragan el fondo del mar en busca de mariscos o arrastran redes por las praderas de pastos marinos también enturbian el agua.

En ocasiones, una misteriosa enfermedad destruye los pastos marinos. Los científicos no están seguros de la causa, pero algunos consideran que se debe al incremento de las temperaturas oceánicas causado por el calentamiento global. Si los pastos ya están debilitados por la contaminación, el aumento de temperatura podría bastar para exterminarlos.

Algunas bahías de EUA han perdido más de la mitad de sus praderas de pastos marinos en los últimos 40 años. Los biólogos marinos están reintroduciendo pastos en áreas donde antes abundaban, pero si el calentamiento global es la causa de su decadencia, es poco probable que las nuevas plantas sobrevivan.

Las praderas marinas son importantes no sólo para la fauna silvestre; también afianzan el fango y la arena, y de esta manera ayudan a proteger las costas de la erosión marina.

El dugongo es uno de los pocos animales que pueden comer las correosas hojas de los pastos marinos.

Los puntos azul vivo en los labios de esta almeja gigante son algas. Producen alimento a partir de la luz solar y lo comparten con la almeja. A cambio, ella las protege.

soleadas y, a cambio, las algas les proporcionan alimento producido por fotosíntesis. Además, ayudan a los pólipos a crear su "armadura" calcárea. Esta íntima relación, en la que ambos participantes se benefician, es una forma de simbiosis (asociación estrecha entre diferentes especies). Las zooxantelas son algas simbióticas. Sin ellas, los arrecifes coralinos no existirían.

Las algas y los pólipos construyen los mayores arrecifes en aguas transparentes y bajas de mares tropicales, donde las zooxantelas pueden captar más luz. Hay aguas transparentes en las regiones de hundimiento, donde las aguas superficiales son pobres en nutrimentos. Aquí, los arrecifes de coral crecen óptimamente.

Los pólipos no son los únicos animales marinos que albergan algas. Las esponjas hacen lo mismo. Las almejas gigantes —ésas que al parecer pueden atrapar tu pierna, pero no lo hacen— tienen franjas de algas de color vivo en sus "labios", donde se unen las dos mitades de la concha.

Hogares extraños

Los arrecifes coralinos —esos fascinantes albergues de peces multicolores de las aguas tropicales— no existirían si no fuera por ciertas algas microscópicas. Pero ¿en qué parte del arrecife están? Están dentro de los animales. Cada pólipo de coral (*ver* página 34) contiene algas microscópicas llamadas zooxantelas que llegan a constituir más de la mitad de la masa de los pólipos de un arrecife. Estos animales ofrecen a las algas un hogar seguro en aguas

La vida sin plantas

Antes, se creía que toda la vida dependía de la energía del sol. Las plantas y algas absorben esa energía para producir alimento, y los animales comen esas plantas (u otros animales) para obtener el alimento. Pero hay otro estilo de vida.

En 1977, científicos que iban a bordo de un submarino por el Pacífico, a más de 1.5 km de profundidad, buscaban chimeneas hidrotermales —lugares en el piso marino de donde brota agua calentada por vulcanismo—. Pero hallaron algo mucho más interesante. En el oscuro suelo oceánico, cerca de una chimenea,

encontraron enormes almejas pálidas y gusanos gigantes de 1.2 m de largo con branquias plumosas color rojo vivo.

Los científicos descubrieron que las criaturas que viven cerca de estas chimeneas no necesitan de luz solar ni de otras plantas, se alimentan de bacterias que usan energía de sustancias del agua termal para producir nutrientes. Estos gusanos y almejas tienen bacterias en su cuerpo. Les proporcionan un hogar y reciben alimento a cambio. Estos gusanos y almejas crecen más rápido y alcanzan mayor tamaño que sus parientes de aguas someras.

Océano Pacífico

El Pacífico es la mayor extensión de agua del mundo. Cubre un tercio de la superficie terrestre y contiene cerca de la mitad del agua salada del planeta. En su punto más ancho mide 17 700 km.

Bora Bora está cerca de Tahití en la Polinesia Francesa. Al igual que miles de islas más en el Pacífico, es un atolón de coral que bordea a un cráter volcánico derrumbado.

1. Pesquerías de Japón
Los japoneses obtienen la mitad de sus proteínas del pescado. Su industria pesquera es muy activa.

2. Fosa de las Marianas
Se creía que no había vida en este cañón en el suelo oceánico, pero en sus frías tinieblas abundan camarones, gusanos, holoturias y microorganismos.

3. Gran Barrera de Arrecifes
Este sistema de arrecifes podría ser la mayor estructura construida por seres vivos.

4. Montes marinos Emperador
Son montañas bajo el agua. Sus cimas son hábitats sumergidos, separados de otros montes por el mar profundo. Albergan especies endémicas.

5. Islas Midway
Estas islas arenosas, lagunas y arrecifes fueron escenario de una batalla en la Segunda Guerra Mundial (1939-1945). Ahora son un refugio de la vida silvestre.

6. Bosques de quelpo
Bosques formados por quelpos gigantes. Se han recuperado desde que se prohibió cazar nutrias marinas, que se comen a los erizos que se alimentan de quelpo.

7. Cordillera Juan de Fuca
Se ha encontrado abundante vida aquí en torno de chimeneas volcánicas en el fondo marino.

8. Bahía de Monterrey
Santuario marino nacional que se extiende 640 km por la costa de California. Este área se protege en beneficio de muchas especies, como leones marinos y ballenas grises.

9. Golfo de California
En esta área poco expuesta se alimentan los cachalotes. Las ballenas grises también acuden ahí para dar a luz.

10. Islas Galápagos
En estas islas remotas viven especies únicas, como iguanas que comen algas y cormoranes, que no vuelan.

 ## Del archivo

▲ Mauna Kea es un volcán que se alza desde el fondo del océano Pacífico para formar la Isla Grande de Hawai. Medida desde la base, su altura es de 9.6 km, mayor que la del monte Everest.

▲ Fernando de Magallanes, explorador que en el siglo XVI inició la primera circunnavegación de la Tierra, bautizó al océano Pacífico por su supuesta tranquilidad.

▲ El punto más profundo de la Tierra es la hondonada Challenger, en la fosa de las Marianas, a 11 km de la superficie. Si allí se construyeran 22 edificios Taipei 101, uno encima de otro, apenas asomarían sobre las aguas.

11. Fractura de las Galápagos
En 1977 se vieron las primeras chimeneas hidrotermales en el suelo oceánico. El agua es tan caliente ahí, que fundiría plomo. Aun así, varios organismos se apiñan a su alrededor.

12. Corriente de Humboldt
La corriente de Humboldt o de Perú hace subir nutrimentos de las profundidades y crea una de las zonas pesqueras más ricas. Aquí cazan pingüinos y focas, y miles de tiburones y atunes acuden al festín.

Océano Ártico

Mar de Laptev

Mar Oriental de Siberia

Mar de Chukchi

Mar de Beaufort

RUSIA

Península de Kamchatka

Estrecho de Bering

Bosques de quelpo

Bahía de Hudson

N

AMÉRICA DEL NORTE

ASIA

Mar de Okhotsk

Mar de Bering

Islas Aleutianas (EUA)

Fosa Aleutiana

6

7

Cordillera Juan de Fuca

Fosa de las Kuriles

4

Montes marinos Emperador

5

Islas Midway (EUA)

Santuario Nacional Marino Bahía de Monterrey

8

Océano Atlántico

Mar del Japón

JAPÓN

1

Fosa Izu

Islas de Hawaii (EUA)

Golfo de California

9

Mar Oriental de la China

Golfo de México

FILIPINAS

Cuenca de Filipinas

Hondonada Challenger

Fosa de las Marianas

Micronesia

2

ESTADOS FEDERADOS DE MICRONESIA

ISLAS MARSHALL

Océano

Fractura de las Galápagos

11

Mar Caribe

NAURU

KIRIBATI

Polinesia

(cordillera mesooceánica)

AMÉRICA DEL SUR

PAPUA NUEVA GUINEA

Islas Cook

10

Islas Galápagos

Nueva Guinea

ISLAS SOLOMON

TUVALU

SAMOA

Polinesia Francesa (Francia)

Elevación oriental del Pacífico

Fosa de Perú-Chile

3

Mar del Coral

VANUATU

FIJI

TONGA

Fosa de Tonga

Tahití

Bora Bora

Islas Pitcairn (Reino Unido)

Isla de Pascua (Chile)

12

Corriente de Humboldt (de Perú)

AUSTRALIA

Gran Barrera de Arrecifes

Nueva Caledonia (Francia)

Southwest Pacific Basin

Pacífico

Mar de Tasmania

NUEVA ZELANDA

Cordillera Pacífico-Antártico (cordillera mesooceánica)

0   2000   4000 km

ANTÁRTIDA

Mares de coral

Casi todo el océano Pacífico es una extensión uniforme de mar abierto que cubre el lecho marino con 4 km de agua. No obstante, este océano tiene miles de islas. Casi todas son las puntas de volcanes que se alzan desde el suelo oceánico. En aguas cálidas y transparentes se forman, en los bordes de las islas, arrecifes coralinos. Con el tiempo, éstas se van hundiendo, pero el coral sigue creciendo hacia la luz. En la superficie, donde estaba la isla, queda un anillo de coral y forma uno de los tantos atolones que distinguen al Pacífico.

Animales oceánicos

En todos los niveles del océano, desde la superficie hasta el fondo, 10 km más abajo, viven animales. Los hay desde microscópicos hasta el animal más grande que ha vivido jamás en la Tierra: la ballena azul.

Los océanos contienen una inmensidad de espacio vital. Cubren una extensión casi tres veces mayor que los continentes, pero son más tridimensionales, ya que pueden vivir animales en sus diversas profundidades. El resultado es que en los océanos hay 6000 veces más espacio para vivir que en la tierra.

Vida a la deriva

Los animales que flotan cerca de la superficie del mar, entre el fitoplancton, se denominan colectivamente zooplancton. Muchos son microscópicos, pero los más grandes, como las medusas, pueden alcanzar más de un metro de anchura, con tentáculos de 9 metros de largo.

El zooplancton pequeño y mediano se alimenta de fitoplancton, que atrapa de diversas maneras. Las salpas y los larváceos bombean agua de mar a través de su cuerpo y atrapan el fitoplancton en redes gelatinosas. Diminutos animales parecidos a camarones, llamados copépodos, usan patas vellosas para impulsar el fitoplancton hacia su boca.

Casi todo el zooplancton de mayor tamaño come zooplancton más pequeño. Los quetognatos o gusanos flecha, por ejemplo, son feroces asesinos que miden unos 10 cm de longitud. Atacan a cualquier presa menor que ellos. Las medusas capturan peces y zooplancton grande con sus tentáculos urticantes. Sin embargo, no todo el zooplancton grande es depredador. Una excepción es el krill –animal parecido al camarón, de unos 2.5 cm de largo–, que se alimenta de fitoplancton. El krill abunda en las aguas antárticas, donde son el principal alimento de muchos peces, aves y ballenas.

Bebés acuáticos

Muchos animales oceánicos sólo viven en el plancton en su juventud, cuando son larvas, y se establecen en el fondo del mar o en las costas para convertirse en adultos. Las larvas no se parecen a los adultos. Las larvas de los balanos

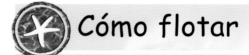 Cómo flotar

El secreto de la vida planctónica es no hundirse. El plancton usa diversas técnicas para mantenerse a flote. Una es tener en el cuerpo muchas proyecciones, como espinas o pelos, que aumenten el área total. Otra técnica es usar gotitas de aceite o burbujas de gas para sustentar el cuerpo. Los animales gelatinosos, como las salpas y las medusas peine, se deshacen de sustancias pesadas y las sustituyen por otras más ligeras.

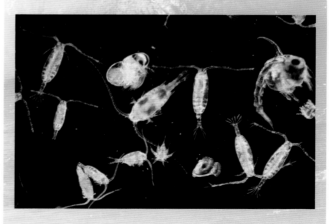

Puesto que el agua da soporte a su cuerpo, un esqueleto no es tan necesario para los animales oceánicos como lo es para los terrestres. Los pulpos no tienen huesos, así que pueden dar gran diversidad de formas a su flexible cuerpo y meterse por rendijas muy estrechas. Sujetan a su presa con tentáculos provistos de ventosas.

Bichitos del mar

Los animales más numerosos del planeta no son las hormigas, las moscas u otro insecto, sino diminutos animales marinos parecidos a camarones, llamados copépodos, que viven en agua dulce y lugares húmedos de la Tierra. En número, superan a todos los demás animales del planeta, y tal vez sus incontables trillones también superen en

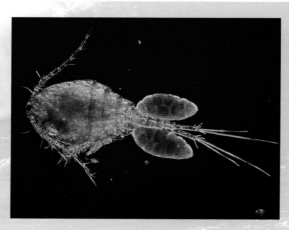

peso total a cualquier otra especie. Son una de las principales fuentes de alimento de los peces, así que tienen gran importancia ecológica.

Los copépodos pertenecen a la clase animal de los crustáceos, que incluye camarones, cangrejos y langostas. Hay pocos insectos en el mar, pero los crustáceos ocupan su lugar.

El pez globo ahuyenta a sus atacantes inflando su cuerpo (recuadro) y haciendo que se levanten las púas de su piel.

parecen pulgas, las de cangrejo semejan naves espaciales y las de erizo de mar parecen copos de nieve. Un buen método para diseminarse en otras regiones es que los animales que pasan su vida adulta en el fondo o en la costa tengan larvas planctónicas, porque las larvas viajan lejos acarreadas por las corrientes marinas.

Cerca de la costa, en ciertas épocas, hay más larvas planctónicas que miembros permanentes del zooplancton. Peces y otros animales se juntan para aprovechar esta cosecha.

El pez grande se come al chico

Los reyes del océano son los peces. Más de la mitad de las especies vivas de vertebrados son peces, y más de las dos terceras partes de las especies de peces viven en el mar –al menos 15 000 especies–. Los peces han tenido gran éxito. Los hay de todas formas y tamaños, desde góbidos de un centímetro de largo hasta tiburones ballena, de 18 metros. Hay peces desde la superficie hasta 6000 metros de profundidad. Algunos incluso respiran aire y viven en tierra o planean distancias cortas sobre las olas.

Los científicos clasifican a los peces en tres grupos: los que no tienen mandíbulas (lampreas y lampreas glutinosas); los que tienen mandíbulas y esqueleto cartilaginoso (tiburones y rayas), y los que tienen esqueleto óseo. La mayoría de los peces pertenece al tercer grupo: arenques, bacalaos, salmones, atunes y lenguados.

Aunque unos peces comen algas, casi todos son depredadores, ágiles nadadores con agudos sentidos y fuertes mandíbulas para devorar. El alimento de los peces va desde plancton hasta grandes animales marinos, y muchos son hábiles cazadores. Algunos aturden a su presa con electricidad, otros se ocultan y emboscan a sus

víctimas y muchos utilizan su velocidad para capturarlas. Entre los depredadores máximos del mar están los tiburones, que comen peces y mamíferos.

Tiburones al ataque

Los tiburones tienen mala fama, pero no la merecen. De las 400 especies de tiburones, sólo 40 han intervenido en ataques documentados a seres humanos. El año 2000 se registraron 79 ataques sin provocación en todo el mundo; 10 de las personas atacadas murieron. En cambio, los pescadores atraparon millones de tiburones en el mismo año y los mataron a casi todos. A veces pescan deliberadamente a los tiburones, pero por lo regular quedan atrapados en las redes por casualidad junto con los atunes y otros peces de importancia comercial.

El tiburón usa una amplia gama de sentidos para hallar comida. Huele sangre a casi 2 km de distancia, pero usa la vista para identificar a las víctimas cercanas. Como la mayoría de los peces, siente las vibraciones que viajan por el agua con una especie de tacto a distancia. De cerca, detecta el campo eléctrico generado por los músculos de sus víctimas.

Tres especies de tiburones son responsables de casi todos los ataques registrados: el gran tiburón blanco, el tiburón tigre y el tiburón toro. Los tiburones atacan a las personas por diversas razones. En algunos casos por una confusión: los tiburones blancos atacan ocasionalmente tablas deslizadoras de *surfing*, quizá porque confunden la silueta de la tabla y su ocupante con la de una foca. En otros casos, el tiburón ataca si se siente amenazado. Es poco común que un tiburón ataque deliberadamente al ser humano para comérselo.

De hecho, es más probable ser atropellado por un auto camino a la playa que ser atacado por un tiburón al bañarse en el mar. No obstante, es recomendable abstenerse de nadar en aguas en las que se ha informado de la presencia de tiburones.

Espectáculo coralino

En las aguas de los trópicos encontramos las comunidades de vida silvestre más complejas del mar: los arrecifes coralinos. Un solo arrecife del Pacífico puede contener más de 100 especies de corales y varios miles de especies de invertebrados;

Los corales viven en colonias, comparten un solo esqueleto y están unidos por láminas de tejido. Los animales individuales en forma de estrella (pólipos) salen del esqueleto de noche para atrapar plancton.

Las fauces y los dientes del gran tiburón blanco le permiten ingerir focas, delfines y otras presas de una sola tarascada.

además, constituye un coto de caza de cientos de especies de peces y otros animales.

El origen de esta abundancia es el humilde pólipo, un diminuto animal con tentáculos que semeja una flor. Los pólipos usan sus tentáculos para separar plancton del agua de mar, pero también obtienen alimento de las algas que viven dentro de su cuerpo (*ver* la página 27). Algunos pólipos pueden vivir solos, pero lo más común es que se clonen para formar enormes colonias en las que todos los individuos están unidos. Cada especie de coral construye una colonia con forma particular: pueden parecer cerebros, hongos, astas de venado o platos. Los corales tienen todos los tonos del arcoiris, y junto con los otros

Los cangrejos punta de flecha viven en los recovecos de los arrecifes coralinos. Usan sus pinzas para cortar trocitos de carne de los pólipos y otros animales.

habitantes del arrecife crean una gama fascinante de formas y colores.

Los corales segregan un esqueleto de carbonato para protegerse y sostener la colonia. Al morir, los esqueletos perduran y poco a poco se acumulan para formar el arrecife. Los recovecos del arrecife son refugios donde algas y

Los colores vivos suelen ser señal de peligro. La piel ondulada de las babosas marinas tiene aguijoncitos robados a las anémonas de mar que la babosa caza.

35

Del archivo

▲ Una barrera de arrecife está formada por coral que yace paralelo a la costa, formando una especie de laguna.

▲ El sistema de arrecifes coralinos más grande es la Gran Barrera de Arrecifes de Australia. Tiene 2000 km de longitud y se ve claramente desde el espacio. Consta de más de 2500 arrecifes individuales.

▲ El más grande atolón coralino es el llamado Kwajalein, en las islas Marshall del Pacífico oriental. Tiene más de 70 km de longitud y 32 km de anchura.

▲ La suave arena blanca de playas tropicales proviene de esqueletos de corales pulverizados por el mar.

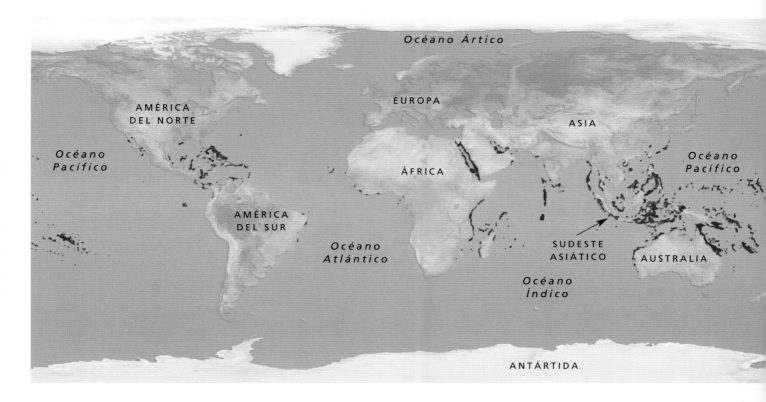

animales se establecen u ocultan. Muchos de los animales del arrecife comen la delgada capa de algas que crece sobre él o, al igual que los pólipos, cuelan el agua para recoger el plancton. Pocos animales, como el pez papagayo y cierto tipo de estrella de mar, comen corales.

Algunos animales comen en un plato viviente. En los arrecifes hay "estaciones de limpieza" a donde acuden peces para que otros peces o ciertos tipos de langostinos, que en otras circunstancias ellos cazarían, les limpien las branquias y la boca. Los visitantes se benefician porque les quitan parásitos y les limpian heridas.

Mundo en tinieblas

A una profundidad de más de 1000 metros, las aguas están en total oscuridad, con excepción de la luz producida por los animales mismos o los faros de submarinos de biólogos marinos.

Para los animales de la zona oscura son más importantes otros sentidos que la vista. En el mar profundo la mayoría de los peces carroñeros usan el olfato para hallar alimento.

Los arrecifes coralinos (rojo) prosperan en aguas bajas, transparentes y soleadas de los trópicos, donde el mar es tibio. Crecen cerca de la costa y en elevaciones submarinas.

Armas químicas

Muchos animales de arrecife coralino están fijos en un lugar y no pueden huir del peligro; por ello, necesitan defenderse de otras formas. Una estrategia muy socorrida es producir sustancias de sabor repelente o venenosas para los depredadores.

Algunas de esas sustancias han resultado útiles para tratar algunas enfermedades. Un ejemplo es la ecteinascidina-743, que se está probando como medicamento contra el cáncer. Se obtiene de un tipo de ascidia, un invertebrado que vive en arrecifes coralinos del Caribe. Otro es la discodermalida, que se está probando como tratamiento contra la leucemia (cáncer de la sangre). Esta sustancia se obtiene de un tipo de esponja, también del Caribe.

La gran boca articulada y el alargado cuerpo de una anguila tragadora abisal hacen que parezca una visión de pesadilla.

Los que cazan presas vivas detectan las vibraciones producidas por otros animales en el agua. Las largas y sensibles protuberancias que tiene el pez sapo abisal y las aletas alargadas de la cabeza del pez trípode sirven para este fin. Incluso, una especie de pez detecta las señales eléctricas producidas por los músculos de sus víctimas.

El pez sapo tiene un ardid para atraer a sus víctimas. En vez de perseguir a sus presas, usa una carnada luminosa que se encuentra en una protuberancia de su cabeza. Parece un gusano que se retuerce –tentación irresistible para animales hambrientos–. Cuando la víctima queda al alcance, el pez sapo la captura con sus mandíbulas.

Muchas criaturas del mar profundo se alimentan de la lluvia de animales muertos, trozos de cuerpos y heces que caen de aguas más superficiales. Aun así, el alimento es escaso y los animales deben ahorrar energía. Los peces abisales se mueven poco, y sus músculos son pequeños y débiles en comparación con los de otros peces. No obstante, compensan esto con el tamaño de su boca y su

estómago. Las anguilas tragadoras tienen fauces enormes y el cuerpo parecido al de una serpiente, y el pez víbora disloca sus mandíbulas para tragar grandes bocados. El estómago de estos peces es elástico, así que pueden ingerir presas más grandes que ellos.

Cómo encontrar pareja

Además de estar en tinieblas, el mundo abisal es enorme y en su mayor parte vacío. Dado que es difícil hallar alimento, los animales están más dispersos que en las aguas superficiales. Así, la oscuridad y la baja densidad de población hacen que para los peces sea difícil aparearse. Muchos usan el olfato para detectar sustancias llamadas feromonas que la pareja en potencia produce. A corta distancia, el pez sapo identifica parejas apropiadas por el patrón de luz que emite la carnada, y es probable que otras especies de peces reconozcan también patrones luminosos.

Una vez que un animal halla pareja, es fácil volverla a perder en las tinieblas. Algunos peces sapo machos clavan sus dientes en el cuerpo de la hembra y no la vuelven a soltar en vida. En tales especies, el macho es más pequeño que la hembra. La piel de ésta crece sobre el macho, que se convierte en un parásito y se alimenta de la sangre de ella.

Los animales de las profundidades atrapan todo lo que pueden. El pez víbora (der.) tiene dientes largos que forman una jaula para atrapar peces hacha (arriba).

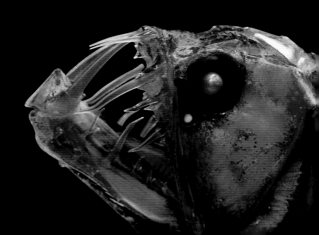

Usos de la luz

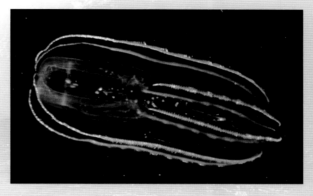

Muchos animales de la zona de penumbra, y algunos de la oscura, producen su propia luz (bioluminiscencia). Esta medusa peine, por ejemplo, produce un débil resplandor de luces multicolores a lo largo de su cuerpo transparente. La bioluminiscencia se produce por reacción química en órganos especiales. La luz producida suele ser azul o verde y tiene diversas funciones. Algunos calamares de las profundidades proyectan una nube brillante que distrae al atacante y da al calamar unos segundos para escapar. Los peces sapo usan una carnada luminosa para atraer a sus presas, y el pez linterna produce complejos patrones de luz que le ayudan a reconocerse con otros miembros de su especie. Algunos peces de la zona de penumbra tienen luces en el vientre. Si el animal es visto desde abajo, le sirven de camuflaje contra el débil resplandor de la superficie del mar.

Misterios de las profundidades

Aún hoy, es posible que en el mar haya muchos animales que no conocemos. Dada la dificultad para estudiar los océanos, y la cantidad de agua que contienen, no sería raro que se llegaran a descubrir incluso animales grandes.

Los biólogos marinos hallaron las extrañas comunidades de animales en las chimeneas abisales apenas en 1977. Ese año encontraron algo más curioso aún: gusanos que viven dentro de metano congelado en el fondo del Golfo de México. Y una especie de ballena –el zifio de True– apenas se avistó viva en el mar en julio de 2001. Un macho saltó 24 veces fuera del agua cerca de un transbordador en la bahía de Vizcaya, Francia. Por suerte, a bordo había expertos en ballenas que tomaron fotografías.

Durante siglos, casi todos los científicos creyeron que el calamar gigante era un mito. A mediados del siglo XIX, un zoólogo danés estudió los informes de observaciones y analizó muestras. Pronto confirmó que la criatura era real –una versión gigante del calamar común.

Ahora que más científicos estudian el océano, podemos esperar más sorpresas. A pesar de los investigadores que lo están buscando, nadie ha visto un calamar gigante vivo en su hábitat de los niveles medios del mar. En los años noventas, un grupo de biólogos descendió a 300 metros a estudiar otro animal, el llamado calamar vampiro. Creían que era lento, de

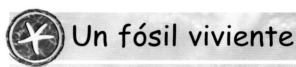

Un fósil viviente

En 1938, unos pescadores atraparon un extraño y robusto pez, de 1.5 metros de largo, frente a la costa oriental de Sudáfrica. El capitán llevó el pez a la curadora del museo local, Marjorie Courtenay-Latimer, quien lo reconoció de inmediato. Nadie le creyó cuando dijo que podría ser un celacanto, pez supuestamente extinto hace 60 millones de años. Por suerte, hizo que lo disecaran, y cuando el experto en peces J. L. B. Smith fue a examinarlo, apenas podía creer lo que veía. Los órganos internos del celacanto se habían enjutado al disecarlo, así que el profesor Smith comenzó a buscar un espécimen intacto, lo cual le tomó otros 14 años. En 1998, descubrieron un segundo espécimen, ahora cerca de Indonesia. Quién sabe qué otras grandes criaturas marinas estén todavía por descubrirse.

Descubrimientos oceánicos

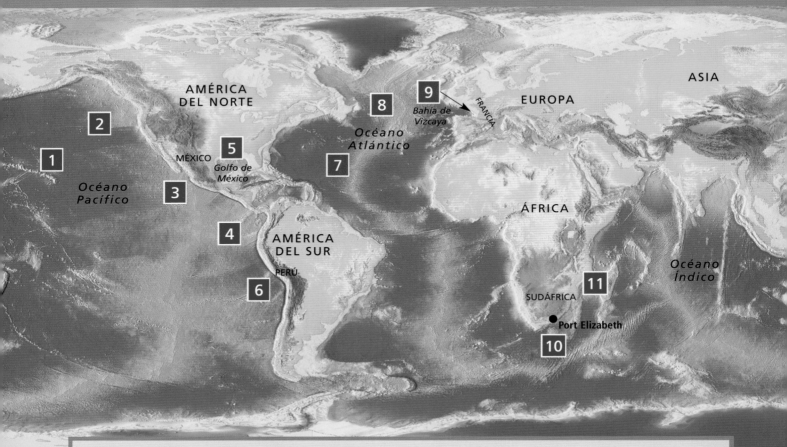

AMÉRICA DEL NORTE

ASIA

EUROPA

FRANCIA

Bahía de Vizcaya

Océano Atlántico

MÉXICO

Golfo de México

Océano Pacífico

ÁFRICA

AMÉRICA DEL SUR

PERÚ

Océano Índico

SUDÁFRICA

● Port Elizabeth

Los océanos son tan extensos e inexplorados que podría haber una gran variedad de criaturas desconocidas en el fondo, a la espera de ser descubiertas. El hallazgo de animales como el calamar gigante, tiburones y ballenas desconocidas sigue maravillando a los expertos. Algunas de estas criaturas ya se conocían, pero sólo por sus fósiles.

1. Tiburón boquiancho
En 1975, este tiburón fue hallado enredado en un paracaídas en el mar, cerca de Hawai. Se alimenta de plancton cerca de la superficie durante la noche, pero de día desciende a las profundidades; por eso casi nunca se le ve.

2. Quimera de seis ojos
Este pez se parece a un lucio, pero tiene seis ojos. Se le descubrió en 1958, a una profundidad de más de 100 m.

3. Monoplacóforo
Los científicos sacaron este molusco con concha, que parece una lapa gigante, frente a las costas occidentales de México en 1952. Se creía extinto desde hace 350 millones de años.

4. Gusano vestimentífero
En 1977 se descubrieron en chimeneas abisales enormes gusanos tubiformes de hasta 2 m, junto con docenas de especies nuevas de peces, almejas, camarones y cangrejos.

5. Gusano de hielo
En 1997, los científicos hallaron esta nueva especie de gusanos que vive en hielo de metano en el fondo del Golfo de México.

6. Zifio menor
En 1976 se hallaron partes de esta ballena cerca de una pesquería en San Andrés, Perú. Después se encontraron especímenes completos, y se le describió oficialmente como especie en 1991.

7. Calamar vampiro
Este animal de color púrpura y negro, con tentáculos, se capturó en aguas profundas del Atlántico, en 1903. En 1946 se confirmó que no es calamar ni pulpo, sino un miembro de un grupo emparentado con ellos que se creía extinto.

8. Calamar gigante
Especie del norte del Atlántico que alcanza 18 m de largo. Nunca se ha visto un ejemplar vivo.

9. Zifio de True
En julio de 2001, se confirmó haber visto un ejemplar vivo de esta ballena en la bahía de Vizcaya, cerca de Francia.

10. Pastinaca de agua profunda
El primer espécimen se halló muerto en una playa de Port Elizabeth, Sudáfrica, en 1980.

11. Celacanto
El primer espécimen vivo confirmado se capturó cerca de Sudáfrica, en 1938. Hasta entonces, sólo se conocían fósiles tan antiguos como los dinosaurios.

músculos débiles, pero quedaron boquiabiertos al verlo pasar veloz, variando su forma y describiendo curvas cerradas. Los científicos tuvieron que reescribir sus libros de texto.

Migraciones marinas

Hay animales marinos que hacen largos viajes –migraciones– para comer o reproducirse.

Las migraciones son estacionales. En cierta época, el animal se dirige a un nuevo hogar, donde las condiciones son más propicias para la siguiente etapa de su ciclo de vida. El objetivo puede ser reproducirse, para luego regresar a un lugar donde abunda el alimento.

Las anguilas de agua dulce y salmones no sólo migran en el mar; también suben por los ríos. Esto no es fácil, porque el agua dulce concentra menos sustancias disueltas que el agua de mar. El cambio requiere un ajuste de las funciones corporales del animal.

Algunos salmones del Pacífico ponen sus huevos en los lechos de grava de ríos al sur y al norte del continente americano. Cuando los pececillos nacen, emprenden el camino río abajo, y para cuando llegan al mar ya han alcanzado su talla adulta. Años después, los adultos regresan a

Vida en la arena

En las costas, las condiciones que enfrentan los animales, como esta almeja, cambian: dos veces al día la marea deja al descubierto partes del lecho marino. A diferencia de las costas rocosas, donde los organismos sobreviven pegados a las piedras, las costas arenosas parecen poco pobladas. No obstante, las playas de arena están, bajo la superficie, llenas de animales que se entierran –sobre todo en bajamar– para evitar a los depredadores y no resecarse. Las almejas también permanecen enterradas en la pleamar, pero extienden sus sifones (tubos) hacia el agua para bombearla y separar las partículas con que se alimentan.

sifones

desovar en el lugar exacto en el que nacieron. Para ello, nadan contra la corriente de los rápidos y suben a saltos las caídas de agua. Vencen obstáculos naturales y artificiales: represas, redes de pescadores, cañas de pescar, osos y aguas contaminadas. Al llegar a los lugares de desove, hacen una hondonada en la grava donde la hembra pone sus huevos. El macho los fecunda y luego ambos progenitores mueren.

El viaje de las anguilas del Atlántico es en sentido opuesto. Los adultos ponen sus huevos en el fondo del mar de los Sargazos, una tranquila región del Atlántico cerca de Bermuda. Las jóvenes anguilas suben a la superficie, se dejan arrastrar por las corrientes y después suben nadando ríos de Norteamérica y Europa. Alcanzan su madurez en lagos y ríos y regresan al mar de los Sargazos a reproducirse.

La carey, en peligro de extinción, recorre los mares tropicales. Para aparearse y poner huevos, acude a uno de los pocos sitios del mundo donde puede anidar.

Muchas aves, mamíferos y tortugas marinas hacen viajes tan largos como los de las anguilas y los salmones, o incluso más. La asombrosa golondrina de mar del Ártico vuela 32 000 km cada año en su viaje redondo entre el océano Ártico y la Antártida. Se reproduce en las costas del Ártico en verano, pero vuela al sur en otoño para pasar el resto del año en los mares en torno a la Antártida, donde

Aunque va a descansar, aparearse y parir a las playas, el león marino se desplaza mejor en el océano.

Los delfines tornillo nadan a 40 km/h. Cazan en grupo, "arreando" arenques y otros peces hasta formar densos cardúmenes, contra los cuales acometen después.

es verano en esa época. Por ello, quizás experimenta más horas de luz de día en un año que ningún otro animal del planeta.

La ballena gris se reproduce en el Golfo de California en invierno, a salvo de las ballenas asesinas (orcas) que cazan en aguas más frías. En verano, los adultos y sus crías nadan al norte hacia el Ártico, donde hay más comida. En total, las ballenas nadan hasta 20 000 km al año –la migración más larga de un mamífero.

De alguna manera, las tortugas verdes nacidas en la isla de Ascención hallan, ya adultas, el camino de vuelta a esa diminuta isla del Atlántico. Viajan 2200 km entre sus áreas de pastoreo cerca de Brasil y las aguas que rodean Ascención, donde se aparean. Después, las hembras salen trabajosamente del mar para poner sus huevos.

Mamíferos marinos

Tal vez los peces sean monarcas de los océanos, pero las criaturas marinas más grandes son las ballenas. Estos animales pertenecen a la clase de los mamíferos, que también incluye a los perros, murciélagos, elefantes y seres humanos. Los mamíferos son animales de sangre caliente que respiran aire y alimentan a sus crías con leche. Aparecieron en el planeta hace unos 210 millones de años, y hace unos 65 millones algunos comenzaron a vivir en el mar.

Los primeros mamíferos marinos eran feroces carnívoros parecidos a los cocodrilos. Después de millones de años, su cuerpo se volvió más aerodinámico, sus cortas patas se convirtieron en aletas y su pelo fue desapareciendo. Aunque todavía necesitan salir a la superficie para respirar, se han convertido en amos del océano. Son los cetáceos: ballenas, delfines y marsopas.

Algunos, como las ballenas dentadas, cazan peces y calamares. Son rápidos y ágiles, y tienen dientes para sujetar a sus presas. Los delfines, orcas, marsopas y cachalotes son ballenas dentadas. Algunas tienen un cerebro de gran tamaño y se cree que son muy inteligentes. Es posible que los delfines hocico de botella resuelvan problemas razonando, y lleguen a usar instrumentos. En las aguas bajas de las costas de Australia occidental, cierto tipo de delfín sostiene una esponja en el hocico para protegerse mientras escarba en busca de moluscos.

Las ballenas de barbas o "ballenas" tienen un colador gigante (hecho de placas córneas) en la boca, en lugar de dientes. Estos animales toman grandes bocanadas de agua y luego la expulsan a través del colador para separar los animales pequeños, como el krill. Son los gigantes del océano. La ballena azul, que llega a pesar 210 toneladas y a medir 33 metros es, probablemente, el animal más grande que ha vivido en la Tierra.

Algunas ballenas de barbas se comunican mediante cantos. Las jorobadas son muy conocidas por sus largas y ululantes melodías y por sus técnicas de caza cooperativa. En la época de celo, los machos adultos emiten una melodía de 20 minutos para atraer a las hembras e intimidar a otros machos. En las aguas polares, grupos de jorobadas hacen cortinas de burbujas para "arrear" cardúmenes de peces y krill hasta formar una nube densa. Después se abalanzan desde abajo contra el apretado cardumen y obtienen abundante cosecha con un mínimo de esfuerzo.

Las ballenas jorobadas, pese a contarse entre los animales más grandes, sólo comen presas diminutas: krill y pececillos. De un bocado, devoran varios millares.

Océano Índico

El océano Índico se formó hace 125 millones de años, cuando África se separó de Antártida y derivó hacia el norte. Ahora contiene maravillas como islas de coral, criaderos antárticos y gigantescos deltas fluviales.

El buceo con snorkel *es común en las aguas azul turquesa y los arrecifes coralinos de las Maldivas. Hay centros vacacionales en más de 70 de las 1300 islas Maldivas.*

Monzones

En la parte norte del océano Índico, en verano, el viento sopla del mar hacia la tierra y provoca muchas lluvias en la región. En invierno sopla al revés, así que el clima es caluroso y seco. Los vientos que siguen este ritmo estacional se llaman monzones e influyen en el clima de los países que bordean el océano Índico.

La dirección del viento es tan constante que a los *dhows* (antiguos veleros que se usan en la región) no les ponen velas ajustables. Los marineros deben arriar las velas y cambiar sus ataduras cuando el viento cambia de dirección o la nave debe seguir un curso distinto. En otras partes del mundo, las velas son muy fáciles de ajustar, porque los marineros están acostumbrados a vientos siempre cambiantes. El *dhow* de la derecha navega hacia la isla de Zanzíbar, frente a las costas orientales de África.

Del archivo

▲ El explorador portugués Vasco da Gama cruzó el océano Índico en 1497 después de bordear el extremo sur de África. Desde entonces, el Índico es una ruta comercial para seda, alfombras, té y especias.

▲ La serpiente marina panza amarilla nada en todo el océano Índico y se adentra en el Pacífico. Pero, al igual que otros organismos tropicales del Índico, no llega al Atlántico porque en el sur de África las aguas son frías.

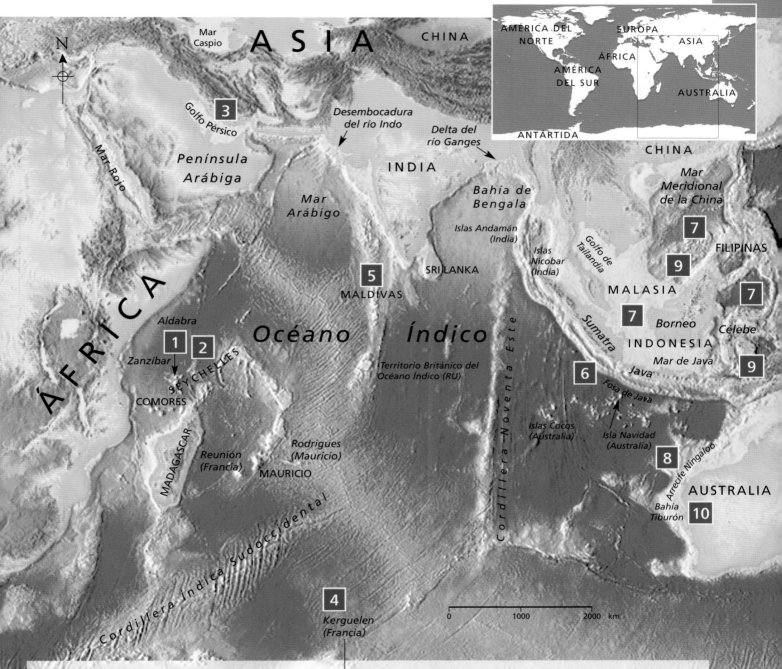

ASIA

CHINA

Mar Caspio

AMÉRICA DEL NORTE EUROPA ASIA
ÁFRICA
AMÉRICA DEL SUR AUSTRALIA
ANTÁRTIDA

Golfo Pérsico [3]

Desembocadura del río Indo

Delta del río Ganges

CHINA

Península Arábiga

INDIA

Mar-Rojo

Bahía de Bengala

Mar Meridional de la China

Mar Arábigo

Islas Andamán (India)

Islas Nicobar (India)

Golfo de Tailandia

[7] FILIPINAS

[5]

SRI LANKA

MALDIVAS

[9]

MALASIA

Aldabra

Océano Índico

[7] Borneo Célebe

[1] [2]

Zanzíbar

SEYCHELLES

COMORES

Territorio Británico del Océano Índico (RU)

INDONESIA

Mar de Java

[9]

MADAGASCAR

Rodrigues (Mauricio)

Java

[6] Fosa de Java

Reunión (Francia)

MAURICIO

Islas Cocos (Australia)

Isla Navidad (Australia)

Arrecife Ningaloo

ÁFRICA

Cordillera Noventa Este

Sumatra

[8]

AUSTRALIA

Cordillera Índica Sudoccidental

Bahía Tiburón [10]

0   1000   2000 km

[4]

Kerguelen (Francia)

1. Aldabra
Atolón coralino declarado Patrimonio Mundial por la ONU. Alberga la tortuga gigante de Aldabra, el gran cangrejo ladrón y el cangrejo ermitaño terrestre.

2. Seychelles
Estas islas llenas de palmeras son fragmentos que quedaron luego de la separación de India y África hace 200 millones de años.

3. Golfo Pérsico
Las mayores reservas de petróleo están en las costas de este mar y bajo el lecho marino.

4. Kerguelen
Muchos mamíferos y aves del sur del océano Índico se reproducen aquí. Abundan albatros, focas y pingüinos.

5. Maldivas
Las cimas de volcanes hundidos forman estas islas. El crecimiento de arrecifes coralinos las mantiene sobre el agua, pero nunca sobresalen más de 2 m.

6. Fosa de Java
Este cañón submarino tiene una profundidad de 7.45 km, casi 15 veces la altura del Taipei 101.

7. Pesca con cianuro y dinamita
El crecimiento demográfico en el sureste asiático ha dado pie a destructivos métodos de pesca en los arrecifes de Indonesia. Los pescadores usan dinamita para matar peces y venderlos como alimento, y cianuro para atontar a los que venden como mascotas.

8. Arrecife Ningaloo
Es bañado por una corriente marina tropical. Bordea la costa de Australia, a donde van turistas a ver tiburones ballena migrantes, el pez más grande del mundo.

9. Pacífico Indooccidental
Este sistema de mares pequeños entre las islas de Indonesia contiene una gran diversidad de vida marina. Decenas de miles de especies de animales, plantas y microorganismos, tanto del océano Índico como del Pacífico, se mezclan en estas aguas.

10. Bahía Tiburón
La pradera de pastos marinos más grande del mundo tiene una longitud de más de 120 km y alberga miles de delfines, tiburones y 10 000 dugongos, un tipo de vaca marina.

Los océanos y el hombre

Hace siglos, nuestros ancestros sólo aprovechaban el océano como fuente de alimento. Luego se hicieron hábiles navegantes y cruzaron los mares para explorar y colonizar el mundo.

Los primeros que navegaron largas distancias tal vez fueron los pueblos que colonizaron las islas del Pacífico occidental. Hace 6000 o 7000 años, pobladores de Nueva Guinea navegaron hacia las islas Salomón al este, y hace 3500 años ya habían llegado a la parte media del océano Pacífico. Para llegar ahí tuvieron que navegar cientos de kilómetros sin avistar tierra.

Mientras los isleños del Pacífico surcaban con arrojo el océano, los navegantes de África y Europa, mucho más cautelosos, solían navegar cerca de las costas. Aun así, realizaron varias travesías muy osadas.

Según el historiador griego Herodoto (484-425 a.C.), exploradores de Fenicia (hoy Líbano) rodearon África por mar en el año 600 a.C. Haciendo escalas frecuentes para aprovisionarse, esos navegantes tardaron tres años en realizar ese épico viaje.

Entre los primeros navegantes de Europa destacaron los vikingos –pobladores de Escandinavia entre los años 500 y 1100–. En el siglo VIII, atacaron pueblos de Gran Bretaña, Irlanda y Francia y aterrorizaron a toda la campiña. Pero algunos vikingos llegaban a cultivar la tierra y a comerciar, no a saquear.

Alrededor del año 1000, algunos grupos partieron al oeste desde Groenlandia y finalmente llegaron a un litoral boscoso al que llamaron Markland, que significaba "tierra de bosques". Los historiadores modernos piensan que se trataba del sur de Labrador, Canadá, lo que implica que los vikingos llegaron a América casi 500 años antes que Colón.

La Era de las Exploraciones

A partir del siglo XV, una serie de navegantes portugueses emprendieron grandes viajes a fin de establecer nuevas rutas comerciales y hallar nuevas tierras para colonizar. Los historiadores llaman a este periodo Era de las Exploraciones. En 1486, el navegante portugués Bartolomé Díaz fue el primer europeo conocido en rodear África por mar, de oeste a este. En 1498, Vasco da Gama navegó desde Portugal hasta India e inauguró el comercio marítimo entre Europa y Asia.

Uno de los viajes que más influyeron en la historia mundial se realizó en 1492. El explorador genovés Cristóbal Colón encabezó una expedición, patrocinada

Los fenicios forjaron un imperio marítimo controlando las rutas comerciales del mar Mediterráneo. Sus barcos y marineros eran los mejores del Mediterráneo.

por España, para hallar la ruta occidental a las Indias Orientales (el sureste asiático). Después de cinco semanas, sus tres naves tocaron tierra en una isla de las Bahamas. Colón había cruzado el Atlántico. Lo siguieron de inmediato muchas otras expediciones. Juan Caboto llegó a la Norteamérica continental desde Inglaterra en 1497.

Parecería que los viajes por el océano son menos importantes ahora, pero eso es totalmente falso. Más del 90% de las mercancías de gran volumen –desde fruta hasta refrigeradores– viajan en las bodegas de barcos cargueros, no en aviones. Muchos de los alimentos y artículos domésticos (o sus componentes) que hay en el lugar donde vives viajaron por mar en algún momento.

Los exploradores ya trazaron el mapa de toda la superficie terrestre, pero apenas han comenzado a desentrañar los misterios del mundo submarino. Hasta hace poco, el suelo oceánico era menos conocido que la superficie del planeta Marte.

Una forma antigua de aprovechar el mar es la pesca con lanza. Aún se usa en partes de los trópicos, como esta bahía de Madagascar. Además de ensartar peces con sus lanzas, los pescadores echan redes o buscan calamares y cangrejos mientras vadean las aguas.

La vuelta al mundo

→	Bartolomé Díaz, 1486
→	Cristóbal Colón, 1492
→	Juan Caboto, 1497
→	Vasco da Gama, 1498
→	Fdo. de Magallanes, 1519–1521

Después de los viajes pioneros del siglo XV efectuados por exploradores como Colón, llegó el momento de intentar un viaje alrededor del globo. En 1519, el noble portugués Fernando de Magallanes partió de España en cinco pequeñas naves. Pensaba navegar hacia el oeste hasta las Islas de las Especias (las Molucas, en Indonesia) y reivindicarlas para España.

Magallanes supuso que las islas no estaban mucho más lejos que América; no tenía idea de que el océano más extenso del mundo, el Pacífico, se interponía en el camino. Durante la travesía por el Pacífico, que duró 100 días, la tripulación se vio obligada a comer ratas y ratones, masticar cuero y beber sopa hecha con virutas de madera. Cuando los marinos llegaron al Pacífico occidental, no fueron bien recibidos. Los isleños robaron sus provisiones y Magallanes fue muerto en Filipinas.

Dos naves llegaron a las Islas de las Especias en noviembre de 1521, pero sólo una logró regresar a España, en septiembre de 1522. De los 273 hombres que iniciaron la expedición, sólo 18 terminaron ese extraordinario viaje alrededor del mundo.

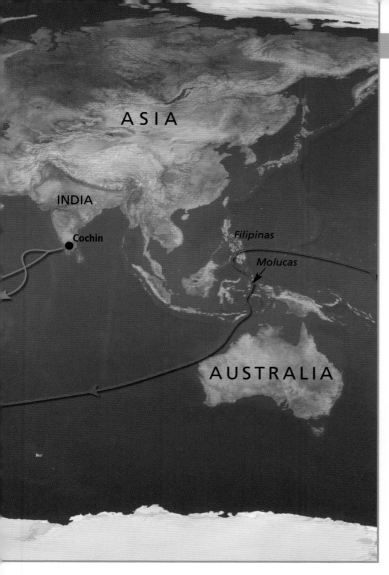

filósofo y científico griego Aristóteles describió un tipo de campana de buceo con tubos metálicos para respirar. No se sabe a ciencia cierta cómo funcionaba el aparato.

La primera descripción detallada de un dispositivo funcional para buceo data de 1700. El científico inglés Edmond Halley diseñó una campana de madera con la que se recuperaban objetos de naufragios. Unos ayudantes enviaban aire fresco a la campana en toneles, mientras los buzos exploraban bajo el agua y volvían a la campana por intervalos cortos.

A mayor profundidad

En el siglo XIX, los trajes de buzo comenzaron a ser una mejor opción que las campanas. En 1837, el alemán Augustus Siebe inventó el casco de metal y el traje de buzo que vemos en las viejas películas de aventuras. Con estos equipos, los buzos descendían mucho más (60 metros) y con mayor movilidad que cuando usaban campanas de buceo.

En 1943, dos franceses –el explorador Jacques Cousteau y el ingeniero Émile Gagnan–

El primer registro que se tiene de una inmersión proviene de Mesopotamia (hoy Irak). Hace unos 6500 años, buzos de esa región aguantaban la respiración durante dos minutos y bajaban a 10 metros de profundidad para recolectar moluscos. En el siglo IV a.C., el

Réplicas de las naves de Colón captadas en 1992 frente al Centro Espacial Kennedy de Florida, cuando se cumplieron 500 años del primer viaje de Colón por el Atlántico.

revolucionaron el buceo con un nuevo invento: el aparato de buceo autónomo. Gracias a él, los buzos ahora pueden explorar bajo el agua sin la restricción de tubos conectados a la superficie. Sin embargo, el cuerpo humano sufre daños si absorbe nitrógeno u oxígeno gaseosos a muy altas presiones, por lo que el buceo autónomo está limitado a profundidades de unos 60 metros con aire o 185 metros con una mezcla de oxígeno y helio. Para llegar más abajo, algunos buzos han probado llenando sus pulmones con un líquido oxigenado a fin de evitar que la presión los aplaste. Durante la inmersión siguen respirando el líquido y sus pulmones actúan como branquias.

Submarinos y sumergibles

Se cree que un inventor holandés llamado Cornelis Drebbel construyó el primer submarino funcional del mundo. La nave de Drebbel era un buque de madera totalmente cerrado, cubierto con cuero engrasado para que no se le metiera el agua. A través de estrechas aberturas en los costados, cubiertas por cuero, salían unos remos que eran el mecanismo de propulsión. Entre 1620 y 1624, Drebbel efectuó pruebas con su submarino en el río Támesis de Inglaterra, a unos 4 metros bajo la superficie. Se asegura que paseó al rey Jacobo I en él. Actualmente se usan diversas naves para explorar los

Antes de la invención del equipo autónomo, los buzos usaban trajes muy voluminosos conectados mediante mangueras a tanques de aire en la superficie.

Hoy, los buzos y practicantes del snorkel usan visores ligeros y trajes de neopreno, y se sumergen en el mar por diversión; no obstante, el buceo sigue siendo un deporte peligroso.

océanos. Cada vez más y más científicos usan vehículos de control remoto que no llevan tripulantes y que pueden guiarse perfectamente desde un barco. Estos vehículos permanecen unidos a la nave madre con cables, pero los sumergibles más modernos, llamados vehículos subacuáticos autónomos, no tienen ataduras físicas. Estas pequeñas naves robot se pueden programar para permanecer mucho tiempo bajo el agua efectuando investigaciones.

Recursos oceánicos

Los océanos están llenos de valiosos recursos. La obtención de algunos, como los minerales del fondo, es difícil y costosa, pero los más accesibles, como los peces, se han explotado excesivamente en casi todo el mundo y algunas especies están en franca decadencia.

El agua misma es un bien preciado. El estadounidense medio consume unos 570 litros al día para beber, limpiar y eliminar desechos:

unas 200 veces lo que consume un habitante de Guinea Ecuatorial en África.

El agua de mar es demasiado salada para beber o regar cultivos, pero en los lugares donde hay poca agua dulce es posible emplear plantas desalinizadoras que usan luz solar para convertir el agua de mar en vapor de agua. Al evaporarse, el agua de mar deja tras de sí la sal. El vapor se recoge y se vuelve líquido otra vez.

En todo el mundo, los océanos proporcionan menos de la décima parte en peso del alimento humano, pero es una fracción importante porque constituye una fuente indispensable de nutrientes en los países tropicales, donde escasean otras fuentes de proteínas. Los peces aceitosos, como el salmón y la macarela, son alimentos muy sanos porque contienen ciertas grasas que reducen los niveles de colesterol en la sangre de las personas. Esto, a su vez, reduce el riesgo de padecer enfermedades cardiacas y embolias.

Pesca excesiva

Cada año se pesca menos volumen de ciertas especies marinas, aunque los pescadores se esfuerzan cada vez más por atraparlas. La pesca saca más peces del océano que los que nacen; por ello, muchas pesquerías están en decadencia.

En el abismo

El lugar más hondo del océano es la fosa de las Marianas, un enorme cañón en el fondo del Pacífico. En 1960, el francés Jacques Piccard y el teniente de la armada estadounidense Don Walsh descendieron al fondo de esa fosa en un sumergible llamado Trieste. Su nave consistía en un compartimento esférico de metal que pendía de un tanque con forma de submarino y lleno de gasolina, como dispositivo de flotabilidad. Después de cinco horas, la nave tocó fondo a 10.9 km. La fosa tiene por lo menos 11 km de profundidad, y en el futuro cercano naves no tripuladas podrían llegar aún más abajo.

Hoy día, los científicos usan sumergibles, como el Deep Rover (derecha), en su afán por explorar las ignotas profundidades. También los usan ingenieros que inspeccionan cables y tuberías en el lecho marino.

ciclo continúa. Hace poco, la ONU calculó que 13 de las más importantes áreas de pesca del mundo estaban sobreexplotadas o se explotaban al máximo.

Una posible solución es la piscicultura. Las "granjas" de salmón y de trucha ya han abatido drásticamente el precio de esos peces, que han dejado de ser artículos de lujo. Algunos piscicultores usan jaulas de red suspendidas en el mar, mientras que otros construyen estanques de agua de mar cerca de la costa. Hoy día, la piscicultura representa la cuarta parte de la producción marina, pero tiene desventajas.

El amontonamiento de peces en las granjas propicia la propagación de enfermedades, así que los piscicultores tienen que administrarles antibióticos. En esas condiciones también prosperan los parásitos, como los piojos de los peces. Algunos científicos están preocupados porque los piojos de salmones cultivados están devastando poblaciones naturales de salmón en el noreste del Atlántico.

Los desechos de los peces cultivados también afectan el entorno. Contienen nutrimentos que estimulan el crecimiento del fitoplancton y alteran el equilibrio de la comunidad biológica natural.

Minerales del mar

La sal del agua de mar es otro bien valioso. Desde que la humanidad comenzó a cultivar la tierra y a comer muchos cereales y verduras, ha usado sal en su dieta. Todavía se recolecta sal evaporando agua de mar en estanques bajos, por la acción del sol.

Los gobiernos saben que la pesca excesiva es un problema grave, pero no se ponen de acuerdo en cómo controlarla. Es una especie de fiebre del oro en la que los distintos países quieren atrapar tantos peces como puedan antes de que se agoten. Así, las poblaciones de peces son diezmadas. Cuando se acaban los peces, los pescadores quedan desempleados o buscan nuevas pesquerías que explotar, y el

En Vietnam, se deja evaporar el agua de mar para recoger manualmente la sal remanente. Esta mujer apila la sal y la recoge una vez que está seca.

Las plataformas de perforación llegan al petróleo que hay bajo el lecho marino. Junto con el petróleo sale gas natural (metano) y se quema para evitar explosiones.

Aún más importantes que los minerales sólidos son las reservas de petróleo y gas enterradas bajo el suelo marino. El gas y el petróleo extraídos de esas reservas cubren más del 40% del requerimiento mundial de esos combustibles. Al agotarse las reservas terrestres, la exploración petrolera avanza hacia aguas más profundas.

Casi todas las demás sustancias del agua de mar están presentes en cantidades demasiado pequeñas como para que su obtención sea rentable, aunque algunas de ellas son valiosas. En algunos lugares, el mar desprende oro o diamantes de costas rocosas por acción erosiva. Las olas y corrientes separan y "clasifican" naturalmente estos minerales, que se asientan cerca de la costa, donde son recolectados.

Pero, curiosamente, la arena y la grava producen más dinero que cualquier otro sólido extraído del mar. Los constructores de casas y carreteras las usan para producir concreto y muchos otros materiales.

Hoy día, el turismo y el esparcimiento se cuentan entre los usos más importantes de los océanos. El surfing, el buceo, la vela y la pesca generan muchos millones de dólares.

 ## Del archivo

▲ Entre 1600 y 1980, la caza redujo las poblaciones de las ballenas más grandes, entre ellas la ballena azul, a la décima parte de lo que eran antes.

▲ Si se extrajera todo el oro disuelto en el mar, a cada persona le tocarían unos 4 kg.

Océano Ártico

El océano Ártico está en la cima del mundo, rodeado de continentes por todas partes. En invierno está casi todo cubierto del hielo que se forma al congelarse el agua de mar, por donde sólo pueden pasar los rompehielos más potentes.

 ## Cruce del Ártico

Hasta fines del siglo XIX, muchos geógrafos pensaban que había un continente en el Polo Norte o que, por lo menos, el Ártico era un mar bajo. El científico y explorador noruego Fridtjof Nansen era uno de los pocos que opinaban distinto. Nansen diseñó el *Fram*, un barco que se elevaba sobre el hielo en lugar de ser triturado por él. Entre septiembre de 1893 y agosto de 1896, el *Fram* fue llevado por el hielo del Ártico hasta acercarse, en un momento, a menos de 400 km del Polo Norte. Nansen y un acompañante se dirigieron hacia el polo a pie, pero tuvieron que regresar, dada la violencia del tiempo, y pasar el invierno en el hielo. La valerosa expedición de Nansen demostró que no había un continente en el Ártico, sólo océano. Su grupo efectuó sondeos a través del hielo y demostró que en algunos puntos su profundidad rebasaba los 2000 metros.

Cuando los glaciares que fluyen del casquete de hielo de Groenlandia llegan al mar, se desprenden grandes trozos de hielo, llamados icebergs, que flotan y se trasladan empujados por las corrientes y el viento. Pueden viajar distancias considerables hacia el sur por el Atlántico. En 1907 y en 1926, unos llegaron a Bermuda.

 ## Del archivo

▲ Incluso en verano, la mitad del océano Ártico está cubierta por una capa de hielo marino, en su mayoría de más de 3 metros de espesor.

▲ En el Polo Norte, durante seis meses del año hay oscuridad y durante los seis restantes hay luz.

▲ Donde el océano Ártico no está cubierto de hielo, las tormentas invernales mezclan las aguas bajas. Esto hace que suban nutrimentos y se produzcan afloraciones de fitoplancton de primavera a otoño.

1. Estrecho de Bering
Paso angosto entre Alaska y Siberia oriental.

2. Mar de Chukchi
Las morsas y sus cachorros llegan del océano Pacífico nadando por el estrecho de Bering en primavera y siguen el hielo que baja por el mar de Chukchi.

3. Llanura abisal polar
Esta honda llanura está 4.6 km abajo del hielo del Ártico (o sea: 9 veces la altura del Taipei 101).

4. Ruta del *Fram*
Ruta sobre el hielo del explorador noruego Fridtjof Nansen entre 1893-1896.

5. Isla World Hunt
Donde los viajeros intrépidos inician su expedición al Polo Norte.

6. Bahía Resolute
Las ballenas beluga y los narvales pasan por aquí en camino a sus zonas de pastoreo veraniego en el Ártico. La pequeña aldea de Resolute está en la costa.

7. Casquete de hielo
Las orillas del casquete de hielo en medio del océano se rompen en fragmentos llamados hielo en masa. En invierno, este hielo llega hasta Canadá y Siberia.

8. Svalbard
Este remoto grupo de islas está habitado. Algunos de sus habitantes aún cazan ballenas.

9. Costa de Groenlandia
Las aguas del Ártico fluyen cerca de esta costa y la cubren de hielo casi todo el año.

10. Costa de Noruega
Las aguas del Atlántico, calentadas por la corriente del Golfo y la Deriva Noratlántica mantienen la costa noruega sin hielo, aunque penetra más allá del Círculo Polar Ártico.

11. Icebergs de Groenlandia
La Patrulla Internacional del Hielo sigue a los icebergs de Groenlandia que amenazan a la navegación. Los más grandes tienen 450 m de altura y 1.6 km de largo, aunque dos terceras partes o más están bajo el mar.

El futuro

Todos tenemos algo que ver con la suerte de los océanos. Lo que comemos, cómo disponemos de la basura y los gobernantes que elegimos, todo afecta la salud de nuestros mares.

Los años noventas fueron la década más calurosa de la historia. Muchos científicos creen que la temperatura media global está aumentando. De ser así, la causa más probable es un efecto invernadero más intenso.

El efecto invernadero es un proceso natural que ha sucedido por millones de años. Se debe a gases de la atmósfera llamados gases de invernadero. Cuando la luz solar llega a la superficie terrestre, parte de su energía se absorbe y se vuelve a emitir al espacio en forma de calor. Los gases de invernadero atrapan una fracción de ese calor, y esto

Las islas de coral bajas, entre ellas la de Tuvalu, podrían quedar bajo el agua si el nivel del mar aumenta a causa de un calentamiento global excesivo.

calienta al planeta. Los más importantes de estos gases son el vapor de agua, el bióxido de carbono y el metano.

En los últimos 150 años, la contaminación ha subido la concentración de algunos gases de invernadero. El bióxido de carbono producido por la quema de combustibles fósiles (carbón, petróleo y gas natural) ha aumentado en más de 25% la concentración de ese gas en la atmósfera, ha intensificado el efecto invernadero, y quizá haya disparado el calentamiento global.

Ascenso de los mares

El clima terrestre tiene ciclos de miles de años. A veces se combinan factores que hacen más frío el clima global. Entonces, cae nieve en vez de lluvia y permanece sobre la tierra en lugar de escurrir al mar. Se acumula hielo en los polos y los océanos pierden agua al bajar las temperaturas. El resultado es un descenso del nivel del mar durante lo que los científicos llaman edades de hielo o glaciaciones.

En otras ocasiones, el clima global se vuelve más cálido, el agua del mar se expande, el hielo polar se derrite y el nivel del mar sube.

Estamos a la mitad de uno de esos periodos cálidos, llamados interglaciales. Desde el punto máximo de la última glaciación, hace 18 000 años, el nivel del mar ha subido 120 metros –la altura de la catedral de San Pablo en Londres.

Los científicos predicen que el calentamiento global podría elevar la temperatura media del planeta 2.5°C en el siglo XXI. Tal aumento haría que el agua de los océanos se expandiera y quizá se derritiera más hielo polar, por lo que el nivel del mar podría subir. Muchas islas tropicales pequeñas, como las Marshall en el Pacífico y las Maldivas en el Índico, están a sólo 1-2 metros sobre el nivel del mar y podrían desaparecer bajo las aguas en los próximos siglos. Áreas extensas de Bangladesh, en las orillas de la bahía de Bengala, están a menos de 2 metros sobre el nivel del mar. Aquí, las inundaciones por olas durante las tormentas ponen en peligro a millones de personas.

Envenenamiento del mar

La contaminación terrestre a menudo va a dar al mar. Algunos contaminantes se vacían ahí; otros llegan acarreados por los ríos, y con la lluvia caen al mar contaminantes del aire.

La contaminación con petróleo es más evidente cuando un buque tanque encalla y vierte su carga en el mar. Sin embargo, tal contaminación, en un nivel bajo pero perjudicial, es continua. La cantidad de petróleo que escurre al mar desde la tierra es casi 10 veces más que la derramada por buques.

Algunos contaminantes son peligrosos porque se acumulan en el cuerpo de animales marinos. Esto sucede sobre todo con los metales pesados disueltos, las sustancias

⁇ Derretimiento global

A algunos científicos les preocupa que el calentamiento global esté derritiendo con mayor rapidez el hielo polar. Casi todo el hielo del planeta está sobre tierra, en Groenlandia y la Antártida. Si se derritiera más rápido, llegaría más agua al mar y su nivel global subiría. Por ejemplo, si el casquete menor de hielo de la Antártida se derrumbara, el nivel del mar subiría 5 metros. Ciudades bajas como Miami desaparecerían inundadas. Tal situación es poco probable en el futuro cercano, pero hay dudas acerca del ritmo del calentamiento global. Si el casquete mayor de hielo de la Antártida llegara a derrumbarse, el nivel del mar subiría por lo menos 52 metros.

Nivel del mar hace 18 000 años, 120 metros más bajo que ahora.

Posible nivel futuro del mar, 5 metros más alto que ahora.

Posible nivel futuro del mar, 52 metros más alto que ahora.

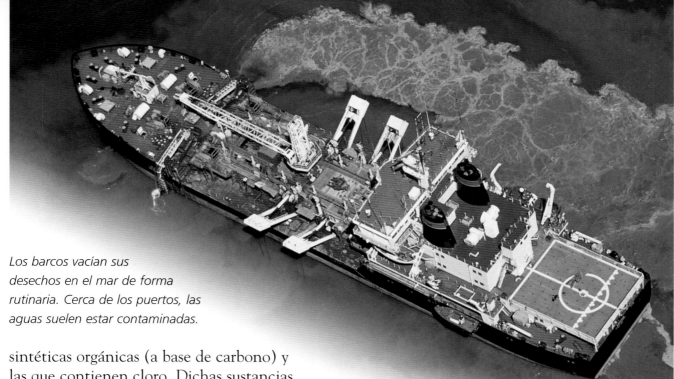

Los barcos vacían sus desechos en el mar de forma rutinaria. Cerca de los puertos, las aguas suelen estar contaminadas.

sintéticas orgánicas (a base de carbono) y las que contienen cloro. Dichas sustancias incluyen subproductos de la fabricación de plásticos, como el PBC, y plaguicidas, como el DDT. El PBC podría ser la causa de las misteriosas muertes masivas que a veces afectan a las focas, leones marinos y delfines. En 1987-1988, por ejemplo, cerca de 750 delfines muertos fueron arrastrados a la costa este de EUA. Los científicos hallaron niveles inusitadamente altos de PBC en sus cuerpos.

El calentamiento global y la contaminación no son las únicas amenazas para los océanos. Otra es la destrucción de frágiles hábitats marinos como las praderas de pastos marinos, los arrecifes coralinos y los bosques de quelpo. La peor destrucción de hábitats se da cerca de las costas o en aguas bajas, y los daños no siempre son evidentes. La pesca con redes de arrastre puede acabar con organismos grandes del fondo marino, trastorna la vida de gusanos y moluscos que se entierran en el sedimento y agita el fango, lo que asfixia a criaturas pequeñas del fondo.

Vicisitudes de los corales

Los arrecifes coralinos son sensibles a las actividades humanas. La contaminación y las aguas turbias que escurren al mar desde los poblados matan el coral. Turistas y pescadores lo dañan al tocarlo, al pisarlo o al arrastrar cables o anclas sobre él. Los peces de muchos arrecifes están sobreexplotados. Algunas personas atontan a los peces exóticos con cianuro y los recolectan para el negocio de los acuarios. El cianuro mata el coral.

En años recientes, los arrecifes coralinos han sufrido una misteriosa condición llamada

Pingüino de anteojos cubierto de petróleo. Posiblemente muera envenenado al tratar de quitar el petróleo de sus plumas.

Las muertes masivas de peces pueden ser indicio de un incidente grave de contaminación. Las sustancias tóxicas que llegan al mar por los estuarios matan a los peces.

blanqueo. Los pólipos pierden las algas microscópicas que viven en su interior y el coral se vuelve blanco brillante, como si se hubiera desteñido. Después, muere. No se sabe a qué se debe, pero se sospecha que ocurre por el aumento de la temperatura del mar debido al calentamiento global.

Las buenas noticias

El futuro de los océanos no es totalmente desalentador. Desde los años sesentas, varios gobiernos han establecido más de 1300 áreas marinas protegidas, algunas pequeñas y no muy bien cuidadas. Desde 1994, casi todos los gobiernos han aceptado ceñirse a las reglas establecidas por la ONU para proteger a los océanos. Mientras tanto, organizaciones científicas como el Panel Intergubernamental sobre Cambios Climáticos monitorean los océanos y publican sus hallazgos, y muchas organizaciones no gubernamentales, como el Fondo Mundial para la Vida Silvestre, trabajan para conscientizarnos sobre problemas como contaminación marina, pesca y caza excesivas, y pérdida de hábitats.

Inercia

En la Cumbre de la Tierra de 1992, realizada en Río de Janeiro, Brasil, muchos gobiernos firmaron un convenio llamado Convención sobre Cambios Climáticos que busca reducir la emisión de gases de invernadero. Desde entonces, los avances han sido lentos. Los países industrializados como EUA, Australia, Japón y los europeos producen mucho más gases de invernadero que los países en vías de desarrollo. EUA, por ejemplo, sigue produciendo la cuarta parte de todos los gases de invernadero industriales.

En Malasia, como en muchos otros países, la gente arranca corales como recuerdos o rompe los arrecifes con dinamita para usarlos como material de construcción.

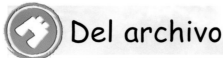
Energía del mar

Los océanos contienen muchos recursos que podrían ser útiles en el futuro. Uno es la energía. El calor almacenado en los océanos, y el constante movimiento de sus aguas son inmensos recursos energéticos que se han aprovechado muy poco. Ya existe la tecnología para utilizar la energía de las mareas. La barrera del estuario Rance, en Francia, genera electricidad con energía captada de las mareas. Cada marea produce suficiente electricidad para decenas de miles de hogares.

Apenas se han construido pocas plantas mareoeléctricas. En ésta, de Francia, la marea fluye por la barrera del extremo, donde la rápida corriente produce blancas crestas de espuma. Al pasar, el agua impulsa turbinas que generan electricidad.

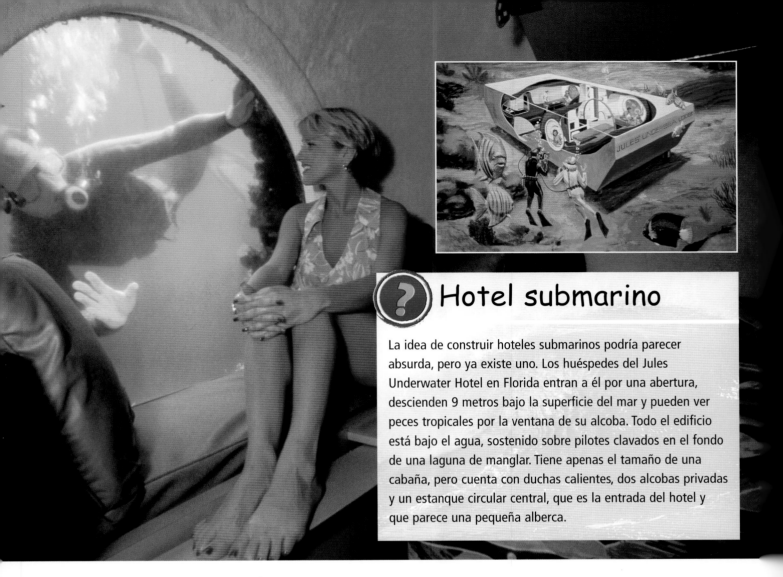

Hotel submarino

La idea de construir hoteles submarinos podría parecer absurda, pero ya existe uno. Los huéspedes del Jules Underwater Hotel en Florida entran a él por una abertura, descienden 9 metros bajo la superficie del mar y pueden ver peces tropicales por la ventana de su alcoba. Todo el edificio está bajo el agua, sostenido sobre pilotes clavados en el fondo de una laguna de manglar. Tiene apenas el tamaño de una cabaña, pero cuenta con duchas calientes, dos alcobas privadas y un estanque circular central, que es la entrada del hotel y que parece una pequeña alberca.

Las fuentes oceánicas de energía contaminan menos que las plantas termoeléctricas que queman combustibles fósiles, pero tienen desventajas. La construcción de plantas que usan la energía de las olas es costosa, pues deben resistir las tormentas, pero ser bastante ligeras para trabajar con olas pequeñas. Además, las plantas mareoeléctricas pueden dañar hábitats costeros porque alteran la forma en que la marea cubre y descubre las playas y marismas.

Nuevos minerales

Dispersos por extensas áreas del mar profundo hay concentraciones de metales valiosos, como cobalto, manganeso, cobre y níquel, del tamaño de una papa. Estos nódulos se forman a lo largo de millones de años por la lenta cristalización de metales disueltos en el agua de mar. Valen billones de dólares, pero su recolección es muy costosa porque están a por lo menos 4 km de profundidad. Cuando la demanda de estos metales aumente lo suficiente y la tecnología para extraerlos esté más adelantada, se podrían recoger estos nódulos del suelo oceánico.

También hay depósitos metálicos en las chimeneas submarinas, algunas en aguas bajas. Algún día se podrían explotar las chimeneas viejas que ya no expulsan agua caliente (y en las que ya no viven animales). Son ricas en zinc, cobre, e incluso plata y oro.

Los océanos no son sólo un agradable destino turístico, son vitales para la salud del planeta y la nuestra. Además de proporcionar una parte indispensable de nuestros alimentos, las aguas en circulación y los organismos que albergan determinan el clima mundial.

Glosario

abisal: de las profundidades oceánicas adonde no llega la luz solar.

algas: sencillos organismos parecidos a las plantas pues usan luz solar para producir alimento, pero carecen de raíces y hojas verdaderas.

antibiótico: sustancia medicinal que mata bacterias.

atolón: arrecife coralino en forma de anillo que crece sobre una isla volcánica sumergida.

bacterias: microorganismos unicelulares que son una de las formas de vida más sencillas.

bajamar: reflujo del mar, marea baja.

ballenas: mamíferos marinos del orden de los cetáceos, de cuerpo fusiforme. Pueden alcanzar hasta 30 m de longitud, según la especie. Hay dos tipos: las ballenas verdaderas o misticetos, que carecen de dientes y tienen placas córneas en la boca llamadas barbas o ballenas y las ballenas con dientes u odontocentos.

bioluminiscencia: luz producida por seres vivos.

bioma: división principal del mundo vivo, que se distingue por su clima, y flora y fauna silvestres. Tundra, desierto y pastizales templados son ejemplos de biomas.

bióxido de carbono: gas que se desprende en la respiración y al quemarse un combustible. Su exceso en la atmósfera es uno de las principales causas del calentamiento global.

bosque tropical: bosque de la zona tropical del planeta, como la selva amazónica o la monzónica.

branquias: órganos que permiten a los animales respirar bajo el agua.

calentamiento global: aumento gradual de las temperaturas medias del planeta, probablemente debido a la contaminación de la atmósfera.

chimenea: agujero del lecho marino por el que, a presión, entran al océano agua caliente y minerales.

clima: patrón meteorológico de un lugar dado durante un año representativo.

colesterol: lípido de origen animal presente en todas las células, en la sangre y en la bilis. Es fundamental para el buen funcionamiento metabólico pero, en exceso, puede ir tapando las arterias.

comunidad: organismos de una especie que viven en el mismo lugar, como una playa arenosa o un arrecife.

copépodos: diminutos animales parecidos a camarones. Forman el grueso del zooplancton oceánico.

cuenca: depresión topográfica en la que las aguas se concentran en un río, un lago o el mar. Se llama también cuenca a toda la región drenada por un río.

delta: llanura ancha, triangular, formada por sedimentos en la desembocadura de un río.

depredador: animal que caza y se alimenta de otros animales.

desovar: depositar sus huevos las hembras de ciertos animales.

ecológico: referente a la forma en que los organismos interactúan entre sí y con su entorno.

Ecuador: línea imaginaria que rodea la Tierra, a la mitad de la distancia entre los polos.

erosión: desgaste gradual de la tierra por acción del viento, la lluvia, los ríos, el hielo o el mar.

especie: tipo particular de organismos. El guepardo es una especie; las aves no, porque hay muchas especies distintas de aves.

estromatolito: restos fosilizados de cianobacterias, microorganismos que se cree que proveyeron de oxígeno a la atmósfera terrestre. Son los fósiles de seres vivos más viejos que se conocen, con una antigüedad de 3500 millones de años.

estuario: desembocadura de un río de gran anchura y caudal, por donde el agua del mar penetra al subir la marea.

evaporación: transformación de un líquido en gas por aumento de temperatura. Al evaporarse, el agua se convierte en un componente del aire.

fitoplancton: miembros vegetales del plancton, como las algas microscópicas.

fosa: cañón en el lecho marino.

fotosíntesis: proceso químico por el que algas y plantas producen alimento a partir de sustancias simples y de la energía del sol.

glaciación: periodo en que el clima de la Tierra era más frío y los casquetes polares se expandieron. A lo largo de la historia geológica ha habido varias glaciaciones, la última terminó hace 10 000 años.

hundimiento: movimiento descendente de agua superficial a las profundidades del océano.

infiltración: lugar del lecho marino donde sustancias como petróleo y metano entran al océano.

laguna: extensión de agua acumulada, dulce o salada, más pequeña que un lago.

larva: forma juvenil de ciertos animales que sufren metamorfosis. La de la rana se llama renacuajo.

larváceo: animal marino parecido a un renacuajo, emparentado con las ascidias.

mangle: árbol de los pantanos de las costas tropicales. Muchos tienen raíces laterales de soporte.

marea: movimiento regular y periódico de ascenso y descenso del nivel del mar debido a la atracción de la fuerza gravitacional que el Sol, y sobre todo la Luna, ejercen sobre la tierra.

metano: gas incoloro, combustible. Se desprende de materia en putrefacción. Se produce a veces bajo el lecho marino. También se llama gas natural.

migración: desplazamiento generalmente en grupo y en una dirección determinada que emprenden determinados animales estacionalmente.

monte marino: montaña submarina que crece desde el fondo oceánico. Su cima está sumergida.

nutrimentos: sustancias básicas de los alimentos; las plantas marinas las absorben del agua de mar, los animales, de la comida.

oxígeno: gas del aire, incoloro, inodoro e insípido. Animales y plantas lo necesitan para liberar energía del alimento en sus células.

pastizal tropical: bioma tropical en el que los pastos son la principal forma de vida vegetal.

pasto marino: planta con flores que crece en el lecho marino, abajo de la línea de bajamar.

pepino de mar u **holoturia:** pariente de las estrellas de mar, de forma cilíndrica.

plancton: conjunto de microorganismos, animales y plantas muy pequeñas que flotan en el mar o en el agua dulce. Según exista o no clorofila en las células se distingue entre zooplancton y fitoplancton.

pleamar: altura máxima alcanzada por la marea.

pluvioselva: bosque que recibe frecuentes e intensas lluvias. Un ejemplo es la amazónica.

pólipo: animal del tipo de los cnidarios que forma el coral. Los pólipos son pequeños pero forman colonias grandes que pueden tener diversas formas.

proteínas: uno de los grupos de alimentos. Construye y repara el cuerpo de plantas y animales.

rango intermareas: diferencia de altura entre pleamar y bajamar.

salpa: animal marino gelatinoso, con propulsión a chorro, emparentado con las ascidias.

simbiosis: asociación íntima entre dos seres vivos. Ambos podrían beneficiarse, o sólo uno.

snorkel: tubo generalmente en forma de "J" que permite a un buzo respirar sin sacar la cara del agua cuado nada o flota en la superficie.

surgencia: especie de corriente oceánica vertical que lleva agua de las profundidades a la superficie.

templado: que tiene clima moderado. La zona templada está entre las cálidas regiones tropicales y las frías regiones polares.

tropical: que está a menos de 2600 kilómetros del Ecuador. En los lugares tropicales hace calor todo el año.

vapor de agua: agua en estado gaseoso.

zooplancton: miembros animales del plancton.

Índice

Los números de página en *cursivas* se refieren a pies de ilustraciones.

Créditos de fotografías

Ardea: Kurt Amsler 44a, 60a; Francois Gohier 9, 7i, 52a; **Art Explosion**: 32 (recuadro), 35a, 35b, 42b; **Bruce Coleman**: Pacific Stock 14, 31, 32b, 34/35, 36, 53b, 58a; Rinie van Meurs 26b; Jim Watt 26a; **Corbis**: 49; Frank Lane Picture Agency 30; Stephen Frink 27a; Wolfgang Kaehler 47; Buddy Mays 6d, 18; Jeffrey L. Rotman 23, 34; Kevin Schafer 22b; Phil Schermeister 24a; Nik Wheeler 7c, 44b; Ralph White 27b; **Digital Stock**: World Panoramas 16/17; **Eberley College of Science**: Penn State 19; **Hulton/Archive**: Central Press 50c; **Image Bank**: John William Banagan 52b; Jeff Hunter 29; **Jules' Underwater Lodge**: 61a, 61 (recuadro); **La Ranc** 60b; **Lamont-Doherty Earth Observatory**: William Haxby 57bi, 57bc. 57bd; **Mary Evans**: 46, 48; **NASA**: 11 (recuadro), 15; Jacques Descloitres, MODIS Land Rapid Response Team/GSFC 21; **NHPA**: A.N.T. 13b; Martin Harvey 58b; Trevor McDonald 25; Norbert Wu 38a; **NOAA/OAR/NURP**: 39; P. Rona 8; University of Hawaii/T. Kirby 51; **PhotoDisc**: Robert Glusic 4c; Bruce Heinemann 5i; Jeremy Hoare/Lifefile 56/57; Jack Hollingsworth 5c; Doug Menuez 53a, 58/59; Photolink 5d, 7d, 13a, 24b, 33, 42a, 43, 54; Russell Illig 10/11, 16 (recuadro); Kim Steele 41; Karl Weatherly 4d; **Still Pictures**: Roland Birke 32a; Manfred Kage 22a; Jeffrey L. Rotman 50b; Secret Sea Visions 12; Norbert Wu 38b; **Stoll et al., Phil. Trans. R. Soc. Lond. A 360 (2002), 719-747**: Dr. Jeremy Young 20; **Stone**: Paul Chesley 6c, 28. **Portadilla**: PhotoDisc, Russell Illig. **Portada**: Bruce Coleman, Pacific Stock 14; PhotoDisc, Kim Steele (recuadro).

Abreviaturas: a-arriba, b-abajo, c-centro, d-derecha, i-izquierda.